El Carte de Medellín

La historia de la organización que sacudió al mundo entero

Raul Tacchuella

LIBROS PRIME

CONTENTS

"PREFERIMOS UNA TUMBA EN COLOMBIA A UN CALABOZO EN ESTADOS UNIDOS"

Visítanos y suscríbete en nuestra web para informarte de más libros y promociones raultacchuella.com

Introducción

COLOMBIA ES SEDE DE muchos hechos terroristas. El color rojo de la bandera nacional debería ser más ancho de lo que ya es. Si recurrimos a la historia veremos toda clase de enfrentamientos. Sin lugar a dudas, uno que marcó la historia, fue el Cartel de Medellín.

En cualquier parte del mundo, cuando nombran a la ciudad de los países, la de la eterna primavera y las mujeres hermosas, la gente, de inmediato la relaciona con Pablo Escobar, y luego el Cartel de Medellín, porque ambos, para la sociedad, son sinónimos. El cartel, nació porque era una de las mejores formas de operar de manera más o menos formal, los bandidos de entonces, esto, trajo consigo, principalmente por las conductas psicópatas de Escobar, unas consecuencias, que aún hoy, luego de varias décadas, sigue mostrando las secuelas.

Este libro pretende narrar el nacimiento de este cartel, las razones de él, sus principales miembros y lo que estos hicieron y el momento donde los narcotraficantes que lo integraban, pasaron de solo transportar droga a Los Estados Unidos y resolver problemas entre los criminales de entonces, a matar al pueblo colombiano y a iniciar una guerra con el Estado que costó tantas vidas y la sangre corrió por los ríos del suelo neogranadino.

Cuando el cartel nació, se sintió poderoso, y lo fue por un buen tiempo, las muertes fueron dándose, muchos caídos con la firma de los narcotraficantes de entonces. Parecía que no tenían salida. Aunque, una fisura, por un lado, del inmenso estanque, se asomó el día que Carlos Lehder Rivas cayó. Lo apresaron y fue extraditado a Estados Unidos, donde aún hoy, cumple condena. Tamaña ironía, porque uno de los que más luchó contra la extradición fue él. Quien sacó la frase que prefería una tumba en Colombia que una cárcel en Estados Unidos es quien hoy aun paga por sus delitos.

Entonces, cuando lo apresan, ese cartel que parecía tan fuerte, mostró que también podía caer.

Pero antes, en el momento del poder, los jueces que investigaban al cartel, recibían pequeños ataúdes o coronas de flores. Quienes combatían al cartel eran cazados y aquí no había fronteras, porque hasta el ministro de defensa Rodrigo Lara Bonilla, cayó a manos de las balas del cartel.

Las fronteras tampoco eran impedimento para ellos, porque un exministro de Justicia fue atacado en Hungría, en medio de una nevada. A este lo habían enviado tras la cortina de hierro como embajador. Escapando de las amenazas que el cartel ya le había dado.

Un cartel que vendió toneladas de cocaína. Abasteció el 80% de la droga consumida en Estados Unidos, ganó cifras de 8 mil millones de dólares al año, más que el Producto Interno Bruto de casi un tercio de las naciones del mundo.

El cartel era una flexible coalición de alrededor de veinte familias de criminales colombianas de los andes de Medellín. Estos hombres se sentían en la cumbre de la pirámide.

En su lucha contra el Estado, el cartel asesinó a muchas personas. Casi 30 jueces, un ministro de gabinete, el director del segundo diario más importante del país, cientos de agentes e informantes de la policía.

Hubo intentos de tratos con el gobierno colombiano, que no fueron más que burlas en la cara, prometieron suspender actividades delictivas, pero nada de eso sucedió. Botes de humo que circularon e ilusionaba a una serie de personas que esperaban la paz en Colombia.

El cartel fue un conglomerado criminal integrado verticalmente, con sus laboratorios de droga y la llevó a Estados Unidos.

Los integrantes del cartel cuando comenzaron a crecer, comenzaron a exhibir sus grandes fortunas que provenían del narcotráfico. Algunos la utilizaron para figurar en la política, como el partido político de extraña ideología entre nazismo y comunismo que fundó Carlos Lehder, o la llegada al poder de Escobar para trabajar en eliminar la extradición. Su llegada al senado fue el comienzo de su descenso, porque los focos se fijaron en ese empresario antioqueño de dudosa honestidad.

En esa época, Escobar y Rodríguez Gacha, se dedicaron a regalar canchas de fútbol, iglesias e incluso barrios enteros a personas que vivían en zonas populares o muy pobres de Medellín.

El origen de esas fortunas, el mostrarlas con tanta fanfarronería, llamó la atención de algunos sectores de la sociedad colombiana. El ministro de Justicia Rodrigo Lara Bonilla, comenzó a hacer ruido y a escandalizar los

malos pasos de Escobar. Habló del dinero que provenía de malos sitios y se inyectaba en equipos de fútbol, empresas y política.

Las acusaciones comenzaron a generar ruido y a traer consecuencias graves para el cartel, dieron con un laboratorio gigante, lo que, para muchos expertos, fue un golpe bajo para el cartel.

Lara Bonilla es asesinado y allí se supo que los límites eran muy es- trechos. Comienza la guerra y la justicia perdía, caen jueces, policías, magistrados, periodistas y muchas personalidades que se atrevieron a hacer públicos los vínculos con la ilegalidad. Estos narcotraficantes luego se llamarían Los Extraditables, y con el nuevo nombre, aparecieron los actos terroristas con más fuerza, todo con tal de evitar la extradición de los narcotraficantes a Estados Unidos.

Ya allí vendría la muerte del cartel, años después, con la caída de varios de sus miembros. Uno en el 89 y el otro en el 93. Aunque todo comenzó con Lehder, siendo atrapado en plena fiesta y llevado a la capital y casi sin tomar respiro montado en un avión para llevarlo a Estados Unidos.

Aunque dicen que Escobar fue el responsable de la caída del capo, es decir, que lo vendió, versión que tiene bastante peso, igual, fue un golpe duro para el cartel, tanto como el perder un elemento importante, como el del impacto social, que vio que esta organización terrorista no era tan invencible después de todo.

En este libro se narra la historia de este cartel, su nacimiento, su primavera y luego, la caída que poco a poco fue padeciendo, hasta terminar, luego, se hace un análisis del impacto de esta, con las organizaciones que nacieron posterior y que aún operan en Colombia.

Capítulo 1: El nacimiento de una organización que dejaría huella

E L ORIGEN DEL CARTEL de Medellín se remonta a mediados de 1976, cuando unos pequeños traficantes de drogas traían base de cocaína de Ecuador y Perú, luego la procesaban en la ciudad de Medellín. Comenzaron a asociarse para crear una empresa ilegal que debido a los ingresos que venían del narcotráfico y además creció económicamente y militarmente. Este periodo se llamó la bonanza marimbera. Que fue desde 1976 a 1985.

Cuando comenzaban los años ochenta, la producción de cocaína se realizaba en las selvas de departamentos como el Caquetá o el Meta. El campamento más conocido fue Tranquilandia. El cartel también fue dueño de pistas de aviones clandestinas, que llevaba a puntos clave en otras ciudades de Colombia o salían del país, ya sea a la isla de Carlos Lehder que luego lo llevaba a Estados Unidos o con otras rutas que manejó el cartel.

Nueva York era la principal ciudad donde llegaba el producto del cartel. La bonanza marimbera

El nombre de esta proviene de un modismo colombiano, la marimba, así se le conoce en lenguaje popular a la marihuana en Colombia.

Este fenómeno se dio en la costa Caribe colombiana, especialmente en la Sierra Nevada de Santa Marta, la Serranía del Perijá y la Guajira. En la década de los sesenta ya se traficaba marihuana en el Urabá y se comercializaba en Barranquilla.

La producción de la marihuana, la que fue previa a la llegada del cartel, data de 1955. Para el año 1961 los cuerpos de paz enviados por el gobierno estadounidense de John F. Kennedy se encargaron de colocar e incentivar el cultivo de marihuana en Colombia, con alianzas entre colombianos y estadounidenses.

Para el año 1975, cerca del 80% de los campesinos de la Sierra Nevada y la Guajira sustituyó los cultivos por la marihuana. La bonanza coincidió con los cultivos de algodón, a consecuencia del auge de contrabando de

telas de fibras sintéticas. Los mercados que trabajaron fueron Miami, New

York, entre otras ciudades de Estados Unidos.

En el año 1974 se le empieza a conocer la importancia al negocio. Había variedades de marihuana, Colombian Gold, Samarian Golden o Santa Marta Gold y Red Point o Punto Rojo. Fueron cultivadas en la Sierra Nevada de Santa Marta.

En paralelo con toda esta bonanza nace el comercio de la cocaína y esta temporada comercial entre Estados Unidos y Colombia.

La razón por la que nació el cartel, fue para poder moverse mejor. En 1976, siguiendo las mismas rutas de la marihuana, los hermanos antioqueños Jorge Luis, David y Fabio Ochoa, se asocian para traficar cocaína a Estados Unidos y satisfacer la creciente demanda de la droga.

Por ese año, Pablo Escobar, quien comenzó el historial delictivo con el robo de autos y el contrabando de cigarrillos, ya hacía parte de este negocio. Este, junto con su primo Gustavo Gaviria, eran quienes se encargaban de recoger la pasta de coca en Ecuador, que venía desde Bolivia y Perú, para luego hacerle su proceso en Colombia. Fue por esa época que nació la imagen de Escobar con un aviso y el serial de preso, ya que lo atraparon por transportar 39 kilos de cocaína en una llanta de coche.

A finales de esta década, Escobar y los Ochoa se unen para aumentar la capacidad de producción. Además, manejaban los laboratorios y vendían la cocaína a los distribuidores que controlaban la comercialización en Estados Unidos, donde las ganancias eran hasta seis veces más que vendiéndola en Colombia. En poco tiempo monopolizaron el negocio en La Florida, Nueva York, Chicago y Los Ángeles.

Cuando entra Carlos Lehder, quien compra la isla en Bahamas, llamado Cayo Norman, allí cargaban aviones y aumentaban el volumen de los envíos. En la década de los ochenta, Escobar crea lo que se conocería como La Oficina, allí llegaban personas no solo a comprar sino a vender y recibir mayores ganancias.

Con todo esto, llega Gonzalo Rodríguez Gacha, y así en poco tiempo el negocio ilegal alcanza unas dimensiones increíbles y llamaron la atención de Estados Unidos, y desde 1982 le pusieron el ojo, el prólogo de la guerra que vendría después.

El cartel de Medellín nace como una necesidad para comercializar mejor

El origen del cartel de Medellín se encuentra entre la unión de los delincuentes comunes y la delincuencia organizada que trabajaba en espacios como el contrabando, tráfico de esmeraldas y producción y tráfico de marihuana en la década de los cincuenta y los sesenta. Como cartel propiamente dicho, se conforma, como vimos, ha mediado de los setenta, cuando los pequeños traficantes de droga que traían la pasta de coca de Perú y la procesaban en Medellín, comienzan a asociarse con una empresa ilegal que tuviera la capacidad de controlar la cadena de producción de la economía del narcotráfico, tomando en consideración la siembra de hoja de coca, la producción de pasta y la cristalización, el tráfico y los centros de consumo. El cartel de Medellín se organiza según una escala de importancia, en donde estuvieron Pablo Escobar de Rionegro, Gonzalo Rodríguez Gacha, de Pacho Cundinamarca, los Hermanos Fabio, Jorge Luis y Juan David Ochoa de Medellín, Antioquia y Carlos Lehder de Armenia, el Quindío.

Junto con estos, estuvieron otros personajes que tenían distintas responsabilidades como manejar finanzas y relaciones del cartel. Por ejemplo, Gustavo Gaviria y Roberto Escobar, primero y hermano de Pablo, quienes por años estuvieron en el área contable. Se sumaron también una gran cantidad de jóvenes, reclutados para diversos fines, que llegaron luego a ser reconocidos, tenemos a: Popeye, HH, El Angelito, El Chopo, El Osito, El Tato, Tayson, El Palomo, Enchufle, Leo, Pinina, Quesito, Limón, León, Templor, Conavi, Turquía, El Japonés, La Cuca, Tavo, El Duro, Jhoncito, Abraham, entre otros.

Cada uno de estos personajes hizo parte de los cuerpos de seguridad del cartel y de los ejércitos de sicarios, por medio del cual establecieron las relaciones de fuerza para el control y dominio del tráfico de narcóticos. A finales de los ochenta se dice que el cartel tenía más de dos mil hombres solo en el aparato militar.

Los centros de producción en un primer momento de ubicaron en el sur del país en los llanos orientales y en los departamentos del Meta y Caquetá. Allí funcionó uno de los grandes centros de producción llamados Tranquilandia.

Con el desarrollo de la guerra contra el narcotráfico y los cultivos, se expandieron a la región del Magdalena Medio y luego por todo el país. El cultivo se hizo itinerante, la industria se desarrolló por medio de flotillas de pequeñas avionetas que llevaban la coca a las Bermudas, las Bahamas y la Florida.

Se usaban pistas ubicadas en las zonas de producción y se especializaron en vuelos de largas distancias a poca altura. De 1978 a 1988 el cartel de Medellín tuvo el máximo en expansión en los aspectos económicos, político y militar. Las fortunas del negocio crecieron de una manera des- proporcionada por la rentabilidad del negocio del narcotráfico. Entre el 70 y el 80% del negocio de la coca lo controlaban los carteles de Colombia. Se considera que a mediados de la década del ochenta el 10% del PIB, pro- venía de recursos del narcotráfico. En 1987 se calculaba la fortuna de Escobar en 8 mil millones de dólares. Escobar Gaviria y Rodríguez Gacha se hicieron populares en sectores sociales pobres, porque ellos de dedicaban a hacer programas de vivienda, empleo y recreación, como el Medellín sin tugurios. Poco después Escobar se lanza a la política, llegando al Senado en el 92. Quería formar parte del Nuevo Liberalismo, movimiento que no lo aceptó en sus listas. Escobar llega al escaño gracias al apoyo de Jairo Ortega, un político de Antioquia. Dentro de la cámara de representantes, con su breve participación, hace que Pablo pase a ser parte del ojo público, especialmente de Lara Bonilla, comienzan a echar ojo a ver de dónde provenían sus ingresos y pronto es expulsado del parlamento colombiano.

Pero esto fue mera hipocresía, porque la economía del cartel de Medellín, infiltró gran parte de las actividades economías, teniendo su mano en la banca, la industria textil, la confección, alimentos, bebidas, en el trans- porte, el turismo, y el comercio, así como algunos en la política.

Desarrolló una campaña agresiva de concentración de tierra, de trans- formación de la producción agrícola y agroindustrial y de la transformación del hato ganadero nacional. Fortaleció el testaferro y propició a gran escala la corrupción de todas las instituciones del Estado. Incluyó a par- tidos políticos, justicia, Fuerzas Armadas y seguridad del Estado.

A medida que el cartel de Medellín crecía, lo hacía también la financiación de los grupos paramilitares, la lucha contrainsurgente y el desarrollo de la violencia sicaria y el terrorismo, todo esto al servicio de ellos.

Capítulo 2: Miembros del cartel de Medellín

A ntes de que profundicemos en lo que es el cartel de Medellín y lo que hizo. Es importante que conozcamos los nombres de sus miembros, sus socios, sus aliados y todos los que tuvieron que ver con el Cartel.

El nombre del cartel responde al lugar donde fue creado, se dio por desaparecida en 1993. Los integrantes se clasifican como socios y sicarios, pistoleros a sueldo y lugartenientes, según el rol que cumplieron.

Socios del Cartel:

Pablo Escobar

Conocido como El Patrón, líder principal del cartel. Fue considerado como responsable de muchos de los asesinatos ocurridos en Colombia. Como los de Luis Carlos Galán, Rodrigo Lara Bonilla, Guillermo Cano, Enrique Low Murtra, Jorge Enrique Pulido, entre otros. Se le atribuye la autoría al atentado terrorista contra el vuelo 203 de Avianca y el que tuvo el edificio del DAS, así como los ataques con bombas en muchos lugares públicos. Las muertes a la gran cantidad de policías. Los secuestros a per- sonalidades como Andrés Pastrana, Carlos Mauro Hoyos Marina Montoya y Diana Turbay, quienes murieron en cautiverio. Escobar moriría en 1993, luego de una cruda persecución que lo fue cercando cada vez más y más, haciéndole perder la racionalidad y llevándolo a la muerte.

Gonzalo Rodríguez Gacha

Este fue el líder militar del cartel de Medellín. Su apodo era El Mexi- cano. Nació en Pacho, se convirtió en el principal aliado y sostén de Escobar durante la guerra emprendida contra el Estado. Este fue el ministro de guerra del cartel, por el año 1989 contaba con mil hombres con armas en el centro del país. Tenía el control de una organización asociada a Escobar. Los sicarios, que eran alrededor de 70, se encargaron de matar a Luis Carlos Galán. Además del cruento atentado contra el edificio del DAS en Bogotá.

Este suceso dejó 70 muertos y 500 heridos. Se convirtió en el criminal más buscado del país. Fue traicionado por un lugarteniente suyo, fue asesinado el 15 de diciembre de 1989 en Tolú, en una operación llamada Apocalipsis, su hijo también cayó y también otros cinco de sus hombres. Tiene en su haber más de 2000 homicidios.

Carlos Lehder

Alias El Loco, es oriundo de Armenia, en Quindío. Se reconoce por sus excentricidades, pero esto lo han magnificado, detrás de ello hay un hombre sumamente inteligente. Fue el responsable de abrir varias rutas de narcotráfico en el Caribe. Fue capturado en 1987 y llevado a Estados Unidos sin que apenas se hiciera consciente de su extradición. Fue condenado a cadena perpetua pero la pena le fue reducida por declarar contra Manuel Antonio Noriega. Es el miembro de más alto rango que está preso en Estados Unidos.

Gustavo Gaviria

Se conoce como El Doctor o León. Primo de Escobar, mano derecha también. Acompañó a Pablo desde los inicios. Se encargó de las finanzas del cartel, y era el segundo hombre del ente narcoterrorista, luego de la muerte de Rodríguez Gacha. Muere en Medellín durante un operativo, al enfrentarse a tiros con la policía, el 12 de agosto de 1990.

Jorge Luis Ochoa

Este pertenece al clan de os Ochoa, fue el más importante de los hermanos dentro de la organización criminal. Un reconocido criador de caballos, se convirtió en el número dos, cuando muere García Rivero. Se rinde el 15 de enero de 1991, esto como parte de la política que impuso el gobierno de César Gaviria.

Mario Henao Vallejo

Alias Paco, fue cuñado de Escobar, fue pedido en extradición, este se encargaba de controlar los negocios de El Patrón en el Magdalena Medio, junto con su primo Hernán Darío Henao alias HH. Era muy cercano a la cúpula del Cartel de Medellín, muere en un operativo realizado el 23 de noviembre de 1989 en la finca El Oro, del municipio Puerto Triunfo, cuando se pretendía capturar a Escobar y a uno de los Ochoa.

Juan David Ochoa

Este fue el mayor de los hermanos Ochoa. Se sometió a la justicia el 16 de febrero de 1991. Muere el 25 de julio de 2013 por un infarto.

Juan Matta Ballesteros

Alias el negro, nace en Tegucigalpa, Honduras, fue de los pocos miembros extranjeros del Cartel de Medellín. Era el contacto de los narcotraficantes colombianos con los mexicanos. Lo arrestan en 1988 y más tarde lo extraditaron. Cumple cadena perpetua.

Fabio Ochoa Vásquez

Es el menor del clan, fue el primero en someterse a los decretos de rebaja de penas el 18 de diciembre de 1990. Luego fue extraditado en 2001, cuando incumple los acuerdos que había pactado con el gobierno colombiano.

Luis Fernando Gaviria

Conocido como Abraham o César. Primo hermano de Escobar, fue conocido dentro de la organización como César la función que tenía era la de mandar la cocaína al exterior y coordinar las acciones de tipo militar desde la muerte del primo de Escobar, Gustavo Gaviria. Muere el 23 de octubre de 1990 en Guarne, Antioquia, en medio de la Operación Apocalipsis III.

Griselda Blanco

Conocida como La reina de la coca o La madrina. Nace en Santa Marta, desde donde se traslada a Medellín. Se convierte en una de los primeros capos del tráfico de droga de la década de los setenta. Se asocia a Escobar, se muda a Miami desde donde coordina el envío de toneladas de cocaína. Fue arrestada por la DEA, en febrero de 1985, luego fue condenada a 16 años de cárcel. La asesinan unos sicarios en septiembre de 2012 en Medellín.

José Abello

El mono Abello era el mote que tenía. El séptimo al mando dentro del organigrama del Cartel y el principal narco de la Región Caribe. Fue cap- turado en un restaurante en Bogotá en octubre de 1989, posteriormente lo extraditaron. Fue liberado en 2007.

Gilberto Rendón

Fue el número 8 dentro del cartel de Medellín. Socio y segundo hombre de la organización de Rodríguez Gacha. Muere con su jefe durante la ope-

ración Apocalipsis. Heredó sus estructuras criminales junto a su hermano Alirio de Jesús Rendón, alias El Cebollero.

Gilberto Molina

Alias El Padrino de las Esmeraldas, magnate boyacense de las esmeraldas, aliado de El Mexicano, que se hizo a su sombra. Tuvo problemas con Rodríguez Gacha por territorio y rutas de narcotráfico y de la zona esmeraldera del centro del país. Fue asesinado por sicarios de su exsocio en una finca de Sasaima en 1989.

Fernando Galeano

Alias El negro, se encargó de los negocios del cartel de Medellín tras la

entrega de Escobar y de sus lugartenientes del ala militar en 1991.

Se convierte en uno de los principales socios del capo controlando el área financiera de la organización. Termina siendo asesinado por orden de Escobar dentro de la Catedral en 1992.

George Jung

Fue el único socio norteamericano del cartel. Traficante de marihuana en los 70, luego lo fue de la cocaína a principios de los 80, gracias a la sociedad con Carlos Lehder. Fue capturado en Massachusetts en 1987 y liberado después. Luego lo capturaron de nuevo al intentar volver al tráfico de estupefacientes. Declara contra Lehder es liberado de nuevo. Luego es apresado en México en 1994 con cocaína en su poder. Trató de salir bajo fianza, pero fue sentenciado a 30 años. Salió libre el 2 de junio de 2014.

Gerardo y William Moncada

Junto a los hermanos Galeano, se convierten en los principales socios del cartel tras la entrega de Escobar, que les confió el manejo del ala eco- nómica de la organización. Compartieron la suerte de sus aliados en julio de 1992.

Roberto Escobar

Conocido como El osito, hermano de Escobar, ingresó desde temprano en las actividades de él, pero manejó un perfil más bajo en este periodo. Se entrega el 7 de octubre de 1992. Mientras estaba encerrado en prisión, fue víctima de una explosión por una carta bomba enviada por Los Pepes, esto lo dejó parcialmente ciego y sordo.

Evaristo Porras

Fue jefe del cartel del amazonas, capturado en San Andrés Islas el 15 de

diciembre de 1987. Muere en marzo de 2010 a causa de un infarto.

Jaime Gaviria

Este es primo, confidente y relacionista público de Escobar.

Paramilitares al servicio del cartel de Medellín Son varios los que estuvieron en la nómina:

Fidel Castaño

Alias Rambo, comandando de los paramilitares de Antioquia y Córdoba, entra en contacto con Escobar por medio de Rodríguez Gacha, fue conocido por su anticomunismo. Responsable de varis masacres y atentados contra la Unión Patriótica y miembros de los partidos de izquierda. Su alianza con el cartel fue por ayuda económica, luego de la muerte de los Galeano y los Moncada, entra en conflictos con Escobar, creando Los Pepes, junto con su hermano Carlos y el Cartel de Cali, muere asesinado en 1994 por su hermano Carlos Castaño Gil.

Carlos Castaño

Hermano de Fidel y Vicente, participa activamente primero en la campaña de exterminio contra la izquierda y luego con Los Pepes. Cuando muere Rambo, queda al frente de la autodefensa. Lo asesinan en 2004 por órdenes de su hermano Vicente Castaño.

Henry Pérez

Estuvo al mando de los paramilitares del Magdalena Medio, se alía con Rodríguez Gacha, en la década de los ochenta a cambio de financiación y armas. Forma parte de la campaña de El Mexicano contra la Unión Patriótica. Cuando muere, se hace enemigo de Escobar, entra en guerra con el Cartel, al lado de Henry Pabón. Cientos de sicarios, paramilitares y civiles mueren en ataques de ambos lados. Finalmente muere a mediados de 1991 durante la fiesta de la Virgen del Carmen en Puerto Boyacá.

Jair Klein

Es un militar y mercenario israelí, que entrena a campesinos en los ochenta para servir como asesinos de Escobar, Rodríguez Gacha y los Castaño.

Lugartenientes y asesinos

Estos son algunos de los asesinos, no es la lista completa, pero sí sus

principales.

Pedro Fernando Chunza Plazas

Alias Chunca, ex policía de Colombia, se encargaba de la seguridad de la familia de Pablo Escobar, pero también tenía otros trabajos en actividades con el narcotráfico. Desde 1989 impartía cursos militares y estrategias de ejecución de secuestros a los sicarios del cartel.

Este fue arrestado por autoridades estadounidenses en State Island Nueva York en marzo de 1993.

John Jairo Arias

Alias Pinina, a los 29 años era jefe de 2000 sicarios en Medellín. Era hombre de confianza de Escobar. Pinina tenía una amistad muy cercana con él. Llega a ser de los principales en la jerarquía de la organización, con el ala militar del cartel bajo su mando. Muere asesinado por la policía en 1990.

Mario Castaño

Alias El Chopo. Cuando muere Pinina y Tyson. Este se convierte en el último jefe militar del cartel. Castaño era enlace entre Escobar y el ala militar financiera de la organización. Era comandante, además, de varias bandas de sicarios y coordinó varias de ellas para asesinar a muchos policías en plena guerra del cartel.

Es responsable de la purga al interior de la cúpula, lo que les costó la vida a los hermanos Galeano y Moncada. Encabezó la última ofensiva terrorista del cartel entre agosto del 92 y marzo del 93. Aquí murieron más de 200 civiles y uniformados. Fue delatado por Juan Carlos Londoño, Juan Caca, luego de ser capturado. Fue abatido por la policía en 1993.

Brances Muñoz

Alias Tyson, afrocolombiano, con aspecto físico similar al boxeador Mike Tyson, por esto tenía ese apodo. Pasa a ser el hombre de confianza de Escobar en 1988 a través de varios enlaces de la organización, entre ellos su hermano La Quica. Muñoz es señalado como responsable del atentado al edificio del DAS y la explosión del avión de Avianca en 1989. Se le acusa de haber instalado un coche bomba en el barrio Quirigua en Bogotá y otro cerca del centro comercial Bulevar Niza. Se le indica a la organización de haber dirigido personalmente la matanza de la hacienda Los Cocos, en Candelaria, Valle del Cauca, en septiembre del mismo año. Muere en 1992

a manos de la policía.

Dandeny Muñoz

Alias La Quica. Es el primero de la familia en entrar al cartel. Era guardaespaldas de Chiruza, hermano de Tyson señalado por la policía como jefe del ala terrorista del cartel. En 1988 protagoniza una espectacular fuga en la cárcel de Bellavista, en Bello, Antioquia. Tenía bajo su mando un grupo de sicarios, y estaba sindicado por las autoridades de dirigir el asesinato de más de 50 policías y la colocación de una decena de coches bomba. Lo captura el ejército en San Rafael Antioquia, en 1991. Se fuga de la cárcel La Modelo, se va a Estados Unidos, donde es arrestado poco después. Esta condenado a 10 cadenas perpetuas.

John Jairo Velásquez

Alias Popeye. Se enrola desde 1986 en el cartel, como conducto y guardaespaldas del capo. Participa en el secuestro de Andrés Pastrana y el asesinato del procuradoss Carlos Mauro Hoyos en 1988. Es acusado de otros 250 asesinatos. Luego de participar en la muerte de los Galeano y los Moncada. Se fuga de la cárcel La Catedral, para al final entregarse a las autoridades en 1992. Es liberado en 2014, luego vuelve a ser capturado en 2018. Muere de cáncer en 2020. En la última década se había dedicado a escribir libros y convertirse en una especie de aberrado influencer.

Álvaro de Jesús Agudelo

Alias El Limón, es hombre de confianza de Roberto Escobar. Luego que este se entrega, pasa al servicio de Pablo, convirtiéndose en su guardaespaldas personal durante los últimos ocho meses de vida de él. Muere junto con el capo en diciembre de 1993.

Fabián Tamayo

Alias Chiruza, es mano derecha de Pinina, controlaba el barrio Guayabal, al suroriente de Medellín, era pagador de los soldados y policías al servicio del cartel. Cercano a los capos de Cali. Manejaba su seguridad cuando estos se desplazaron a la capital antioqueña. Aunque, cuando empieza la guerra de carteles, se cambia de bando, y reconoce que su jefe es Escobar. Muere en represalia por pistoleros del cartel de Cali en 1988.

Carlos Mario Alzate Urquijo

Alias El Arete, es hijo de la esposa de Roberto Escobar, sindicado al sicariato y terrorismo. Se le vincula en el atentado del edificio del DAS y

el atentado al teatro Lioli, dirigida a una patrulla del Cuerpo Élite. Se convierte en una prioridad del Bloque de Búsqueda a raíz del coche bomba que estalla el 21 de enero de 1993 en la carrera séptima con Avenida Chile en Bogotá. Este hecho le fue adjudicado al a banda que lideraba. Se entrega en febrero de 1993. Declara ser autor del atentado al avión de Avianca, sucedido en 1989. Es investigado por otro proceso del crimen de Lara Bonilla. Estuvo preso desde 1993 a 2001.

Juan Carlos Aguilar Gallego

Alias El Mugre, otro de los guardaespaldas personales de Escobar, junto a Otto y Popeye. Sindicado del delito de narcotráfico y de participar en el homicidio del procurador Carlos Mauro Hoyos y de los crímenes de decenas de policías en el Valle de Aburrá. Se entrega junto con el capo en 1991 y participa en la fuga de la cárcel La Catedral en julio de 1992. Se acoge a la justicia el 15 de octubre de ese año hoy es predicador en una iglesia.

Alfonso León Puerta Muñoz

Alias El Angelito. Se convierte jefe de seguridad y hombre de confianza de Pablo Escobar. Esquiva la persecución de la policía por seis meses, ocultando el paradero de su capo. Es responsable del bombazo del Centro 93. Fue asesinado el 6 de octubre de 1993, junto con su hermano. John Jairo Posada

Alias El Titi, es responsable del asesinato del coronel Valdemar Franklin Quintero en agosto de 1989. Asimismo, formó parte de la oleada terrorista de noviembre diciembre de 1992, con setenta policías y nueve civiles muertos en Medellín. Fue detenido en 1992.

Cuando estaba con su familia en El Poblado. Fue asesinado en la cárcel La Picota en noviembre de 1997.

Otoniel González

Alias Otto, se entrega a la justicia por primera vez en 1991, junto con Escobar, fue de los ocho hombres que estuvieron con el capo en la fuga de La Catedral, el 22 de julio de 1992. El 9 de octubre de 1992 se entrega por segunda vez, en compañía de Roberto Escobar, El Osito y Popeye. Es liberado en 2001, luego de pagar 8 años de prisión. Lo asesinan junto con su hermano Orlando en 2002 e La Estrella, Antioquia.

Hernán Henao

Jefe de seguridad del cartel, se encarga de financiar con dineros del

narcotráfico entre 1984 y 1988 las autodefensas del Magdalena Medio. Puso esas organizaciones al servicio de su patrón y de Gonzalo Rodríguez Gacha. Ingresa a la organización como testaferro, controla laboratorios que el cartel tenía establecidos en zonas puntuales del país con Mario Henao. En 1990, en la operación Cocorná II, de la que escapan Escobar y José Luis Ochoa, Henao es capturado y llevado a la cárcel La Modelo en Bogotá. Es puesto en libertad por un despacho judicial, luego de la muerte de Brances Muñoz, en 1992. Henao intenta reconstruir el ala militar que dirigía el terrorista. Es abatido en Medellín por las fuerzas en marzo de 1993.

John Rivera Acosta

Alias El Palomo, es uno de los comandantes del ala terrorista del cartel. Escapa de La Catedral en 1992 junto con el capo, es localizado por los bloques de búsqueda en noviembre de ese año. Tiene un enfrentamiento fuerte a tiros, sus dos sicarios mueren. Se le acusaba de pagar a grupos de pistoleros más de 100 millones de pesos por el asesinato de 38 agente de la policía de Medellín. Además, es responsable del ataque con coche bomba en las cercanías de la pasa de todos La Macarena en 1991.

Juan Carlos Ospina

Alias El Enchufe, es responsable de la activación de numerosos coches bombas en la capital antioqueña y del ataque a miembros de los organismos de seguridad. Se relaciona con secuestros del candidato de la alcaldía de Bogotá Andrés Pastrana en 1988. También se le responsabiliza de haber participado en la muerte del jefe de inteligencia de la policía en Medellín, el capitán Fernando Posada Hoyos. Muere en 1993 en un operativo del bloque de búsqueda.

Víctor Giovanni Granada

El zarco era el apodo que tenía. Segundo hombre de la organización de Arete, las autoridades lo sindicaban con ser uno de los pistoleros que junto con Brances Muñoz,

Mario Castaño y Sergio Ramírez, secuestraron a va- rios miembros de las familias Moncada y Galeano y a Walter Elkin Estrada. Muere a manos de la policía en 1993, cuando enfrenta a 20 uniformados en Medellín.

Los Prisco David Prisco

Alias Richard, es sindicado de participar en varios de los magnicidios

que sacudieron al país en los ochenta. Muere en 1991 a manos de la policía, cuando le sorprenden en una mansión del barrio Conquistadores al occidente de la capital antioqueña.

Armando Prisco

Hermano de Richard, y el segundo al mando en la organización cri- minal. Juntos asumen el manejo del ala terrorista del cartel de Medellín luego de la muerte de John Jairo Arias, Pinina y de Gustavo Gaviria y Abraham. Cae con su hermano en un operativo del cuerpo Élite en Rio- negro, Antioquia.

José Prisco

Fue el segundo al mando, luego que muere su hermano y el primer jefe

de la banda delincuencial. Es abatido en Bogotá en 1997 por el DAS.

Jaime Rueda

Es natural de Yacopí, militó en la guerrilla de las FARC, antes de de- sertar y ser jefe de sicarios. En 1989 es contratado por Gonzalo Rodríguez Gacha para dirigir el primer atentado contra el General Maza Márquez en mayo de ese año. También es responsable de protagonizar el asesinato de Luis Carlos Galán. Muere en 1992 en medio de un tiroteo.

José Rueda

Es medio hermano de Jaime, sindicado como uno de los autores del asesinato de Galán. Tiene acusaciones en el atentado contra el general Maza Márquez. Además, aparece comprometido como miembro del grupo que mató al dirigente Teófilo Forero. Figura entre los responsables del atentado al diario El Espectador.

Lo detienen con su hermano. Es asesinado en junio de 1992 en la cárcel La Modelo de Bogotá.

Jorge Enrique Velázquez

Alias El Navegante, es natural de buenaventura, y propietario de una empresa naviera en Cartagena. Fue informante infiltrado del cartel de Cali, pero no miembro de este.

Finalmente reveló a la Policía Nacional de Co- lombia el paradero de Rodríguez Gacha. Estuvo junto a Gacha horas de su abatimiento en Tolú.

Luis Fernando Zabala

Ingeniero eléctrico que empezó a poner explosivos para el cartel de

Medellín, se encargaba de armar bombas.

Leonardo Rivera Rincón

Alias Leo, muere el 4 de febrero de 1993 en una acción del grupo Élite. Fue sicario del cartel y enlace con Arete y Escobar. Leo controlaba una organización de veinte pistoleros a sueldo que operaba en el Barrio Buenos Aires de Medellín

Irán Lopera

Alias Pasarela, es de los principales lugartenientes de Escobar, estuvo preso casi nueve años en la cárcel de Itagüí. Acusado de participar en el secuestro de la exministra de educación Maruja Pachón. Salió libre en 2001, pero le asesinaron en 2002.

Sergio Alfonso Ramírez

Alias El Pájaro. Jefe de sicarios del centro del país. Se encargó de secuestros, como el de Maruja Pachón y Beatriz Villamizar, así como el asesinado de Marina Montoya. Es capturado el 30 de septiembre de 1992 en una acción que termina con la muerte de un sargento de la policía de Medellín.

Hugo Jaramillo Buitrago

Alias mantequilla, es encargado de las finanzas del cartel de Medellín. Es miembro de la organización HH y presuntamente correlacionado con el tráfico de estupefacientes. Es capturado en Cúcuta el 3 de marzo de 1993, cuando intentaba dejar el país.

Juan Arcila

Alias El Tomate, sicario, se entregó a la justicia en 1993, luego de recuperar la libertad en 2002 es asesinado en Venezuela en abril de 2007.

Alejandro Arrieta

Alias Boliqueso, fue sucesor de Tyson, luego de su muerte, es capturado en noviembre de 1992 en Medellín.

Carlos Mario Ossa

Alias El Canoso, encargado del manejo de la infraestructura financiera del cartel. Muere a manos de Los Pepes el 17 de febrero de 1993.

Luis Henao

Alias El Misil, terrorista y sicario no conocido hasta su entrega. Se

evade de la cárcel de Bellavista en noviembre de 1988, cuando cumplía 31 meses de condena por hurto y lesiones personales. Se entrega en 1992. Se le acusó de narcotráfico y fuga de presos.

Luis Londoño

Hermano de Diego Londoño, primer gerente del Metro de Medellín. Con su hermano coordinaron los secuestros de Álvaro Montoya, hijo de German Montoya, secretario privado de la presidencia y de otras personas a finales de 1989. Fue secuestrado y asesinado el 28 de febrero de 1993 a manos de Los Pepes.

William Cárdenas Calle

Alias Lenguas. Acusado de haber puesto varios coches bomba en Bogotá. Se entrega el 1 de marzo de 1993.

José Luis Ospina Álvarez

Alias El Pasquín, fue sicario implicado en el secuestro de Andrés Pas- trana y en la muerte de Carlos Mauro Hoyos. Asesinado el 24 de febrero de 1993 en Bello.

Guillermo de Jesús Díaz Osorio

Alias Bolis, fue colaborador de El Chopo, las autoridades afirman que es de los autores de la detonación del coche bomba el 14 de febrero de 1993 en el centro de Bogotá y canalizó contactos con Pablo Escobar por el pago de asesinar policías y crear caletas para los coches bomba.

Se entrega a la policía en Pereira en febrero de 1993. José Posada

Jefe financiero del cartel. Señalado como el encargado de pagar a los

pistoleros. Se entrega en febrero de 1993.

Gustavo González

Alias Tavo, tiene medida de aseguramiento por la fuga de La Catedral. Se somete de nuevo en octubre del 92. Es asesinado en la cárcel de Bella- vista de Medellín el 9 de abril de 1993

Guillermo Sosa

Alias Memo Bolis, de los implicados en el atentado del 30 de enero de

1993.

Eugenio León García Jaramillo

Alias El Taxista, sicario al servicio del cartel, negoció con los gobiernos de Colombia y Estados Unidos y fue indultado por colaborar con las autoridades en la cacería de Escobar y otros miembros del cartel.

CAPÍTULO 3: LA ÉPOCA DORADA DEL CARTEL DE MEDELLÍN

E STO ES LO QUE más recuerdan sus adeptos los momentos donde el cartel, desde cada uno de sus bandos, regalaban dinero a los pobres, fundaban barrios, daban comida, abrían sus espacios para que les visitaran. Todo ese romance que ocultaba un mundo oscuro detrás. Conozcamos algunos lujos de los principales miembros del cartel.

LOS LUJOS DE SU LÍDER PABLO ESCOBAR

Pablo Escobar es el principal miembro del cartel, siempre se relaciona su nombre. Escobar fue el narcotraficante más influyente en el mundo en la década de los ochenta. Tuvo tanto dinero y una vida llena de muchos lujos. Incluso su historia es un tour en la ciudad paisa. Su hacienda es hoy un lugar turístico al que todos desean ir más de una vez en su vida, su dinero llegó a ser el que todos deseaban.

Conoce sus lujos, aunque ten en cuenta que este hombre los disfrutó muy poco, porque cuando decidió hacerse una guerra con el Estado, todo cambió y su cabeza tuvo precio.

Fue de los hombres con más dinero en el mundo, en la década de los 80 y 90. Al día de su muerte, se decía que tenía una fortuna de unos 25 mil millones de dólares, aunque su hijo, dice que no era así, porque como ganaba, gastaba y que al morir dejó poca cosa.

En las fiestas familiares el hombre rifaba pinturas y esculturas de famosos artistas, además en las fiestas de cumpleaños llenaba las piñatas con fajos de billetes. Si por ejemplo alguno de los invitados tenía un antojo de comerse algo sabroso y no estaba el restaurante en la ciudad, iban en avión a buscarlo a donde fuera.

La hacienda Nápoles, contaba con dos pistas de aterrizaje para helicópteros, 10 casas, tres zoológicos con animales exóticos, 1700 empleados, 27 lagos artificiales, estatuas de dinosaurios de tamaño real, pista de motocross, era la más grande de Latinoamérica y una estación de gasolina.

Victoria Eugenia Vallejo, era la esposa de Escobar, ella mandaba a di- señar el uniforme de las empleadas con un sastre, además las tenía en cursos de maquillaje y peluquería para que se arreglaran a diario.

Escobar era el propietario del edificio Mónaco que estaba en Medellín, en el Poblado, donde contaba con un penthouse de 1700 metros cuadrados, decorado con flores que traían de Bogotá cada mañana desde un avión privado.

Cada año nuevo y cada que celebraban un golpe de llegada de droga a Estados Unidos, quemaban pólvora, se traían conteiner que costaba cada uno 50 mil dólares. Era tanta la pólvora que quemaban y había en tal cantidad, que ni siquiera todos quemando a la vez eran capaces de consumirla.

Aún hoy, Medellín conserva la tradición que quemar pólvora por cualquier cosa y diciembre es un espectáculo colorido de fuegos artificiales. A pesar de estar prohibida y a pesar de que hay tantos heridos por ella.

La esposa de escobar, organizaba fiestas temáticas, y mandaba sastres y modistas a la casa de los invitados para que les confeccionara los disfraces.

Cuando el hijo de Escobar, Juan Pablo, cumplió 9 años, le regaló un cofre con cartas de amor originales de Manuelita Sáenz a Simón Bolívar, así como algunas medallas del libertador. El regalo, que un niño de su edad no valoró, entre tanta corredera y caos, se perdió.

Escobar era excéntrico en cuanto a la higiene personal, las duchas podían tomarle hasta tres horas, se cepillaba los dientes por 45 minutos y lo hacía con un cepillo para niños. Se cortaba el pelo el mismo y a veces dejaba a su esposa hacerlo.

Los manteles de la casa los bordaba a mano en Venecia, eran exclusivos y complejos tanto que tomaba 4 años hacer uno.

Sus ingresos eran tantos que tenía que esconder los fajos en las paredes de las propiedades y en los almacenes. Tenía una pérdida de 10% porque las ratas se comían los billetes o la humedad los destruía. Era tanto el dinero que manejaba que se gastaba 2500 dólares mensuales en gomitas para amarrar y ordenar billetes.

En una ocasión, cuando la hija de Escobar pasaba muchísimo frío, Escobar prendió una fogata con dos millones de dólares para que la pequeña entrara en calor.

Cuando Escobar decide entregarse a la policía, en 1991, construye La Catedral, una cárcel hecha a la medida que era un lujo y era todo menos una cárcel, con caletas tan sofisticadas que tuvieron que traer ingenieros para poder conseguirlas y todavía así era complejo. En esta cárcel había cancha de fútbol, lugar para hacer barbacoas y varios patios.

Escobar gastaba millones de dólares en estas cosas, y se las mostraba a su hijo.

Pablo Escobar fue de los hombres más ricos del mundo.

LAS FIESTAS

Estas eran fiestas extravagantes. Fiestas temáticas que organizaba la

esposa.

LA HACIENDA NÁPOLES

Ubicada a 165 kilómetros de Medellín, la hacienda Nápoles, perteneció alguna vez a Pablo Escobar y hoy es un parque temático muy apreciado por los colombianos que desean ir a quedarse allí y la visita es algo costosa.

Este es un parque muy curioso, donde la historia convive con la esencia del personaje. Sitio con hipopótamos, dinosaurios de cemento y tobo- ganes. El lugar es una calurosa zona de Puerto Triunfo. En la entrada hay una avioneta que fue propiedad de un socio de Escobar y estaba abando- nada en el aeropuerto local de Medellín, la restauró y la puso de fachada a la hacienda. Esta hacienda es de tres mil hectáreas, el parque cuenta con unas 700 y tiene tres temáticas, África, dinosaurios y ahora que es un sitio turístico, un área llamada Pablo Escobar.

En los ochenta el capo mandó a construir bestias del Mesozoico, que se mueven y gruñen. También tenía un recorrido gratuito para que las personas vieran las jirafas, los hipopótamos, las cebras, antílopes, flamencos rosados y muchas cosas más.

Esta hacienda, que es de lo más icónico de Escobar y el cartel de Medellín, quedó abandonada tras la muerte de Escobar. Creció el pasto, la gente saqueó, buscando dinero. Algunos animales fueron llevados a otros zoológicos y los hipopótamos, que se quedaron en los lagos interiores, se reprodujeron. Muchos escaparon de la finca y comenzaron a correr por los campos antioqueños. Arrasaron con cultivos y amedrentaron a pescadores y campesinos.

Estos animales, que son parientes lejanos de las ballenas, son de los más pesados y agresivos del mundo. Un hipopótamo suelto es muy peligroso, por eso se pensó en regresarlos a África. Luego unos expertos analizaron

el lugar y vieron que era perfecto para los animalitos entonces los dejaron.

Esta mansión contaba con veinte habitaciones, era sede de muchas fiestas de todo el cartel de Medellín, además, allí se reunían los capos para poder preparar los golpes, ataques, viajes de droga e incluso la guerra contra el Estado, antes que el gobierno comenzara a darles cacería.

Además, Escobar contaba con una flota de coches clásicos, que en un momento determinado fue incendiado por sus enemigos, también su casa está en ruinas hay un Ford de los años 30, similar al de Bonnie & Clyde, que dispararon para que se pareciera más y una réplica del auto de Al Capone.

CARLOS LEHDER

La Posada Alemana es de las excentricidades más llamativas del capo, esta fue entregada al departamento del Quindío luego de 19 años en aban- dono. En sus buenos tiempos tuvo hasta una estatua de John Lennon des- nudo, la cual fue encargada a propósito y la cual desapareció, sin conocerse su paradero hoy en día.

Los años, el clima y los saqueos hicieron de este lugar un tiradero aquí, donde hubo muchas excentricidades, riquezas y donde llegaban los amantes de Lennon a adorarlo frente a la estatua, la cual fue hecha luego que este muriera.

La decisión de la Sociedad de Activos Especiales, de tomarla, entonces

este lugar está próximo a ser un parque temático familiar.

Este sitio tuvo 24 cabañas, estilo suizo, había restaurante, centro de convenciones, discoteca con mirador y una jaula con cóndores, uno con una pareja de leones, una cava de vinos, y otros bienes.

Lehder tenía raíces alemanas por su padre, que en los 30 viajó a Co- lombia y se internó en este lugar, donde tenía un espacio para recibir a otros alemanes, llamado la posada alemana. Se dice que era espía nazi, pero poco se sabe al respecto, solo que fue vigilado, pero sin inculpar, lo que sí se sabe, es que Carlos Lehder creció con Hitler en muchos lugares y que, de niño, le hablaba, como si fuera un amigo imaginario. Esto creó en Carlos, un hombre que gustaba de la justicia, pero tenía una tendencia nazi. Aunque su partido político arrastró mucha gente y hasta logró algunos

curules en la política de entonces.

LUJOS DE RODRÍGUEZ GACHA

Uno de los lujos más llamativos fue el de una mansión que según cuentan, tenía grifos de oro y túneles secretos. Además, en las paredes había un diseño tal, que el ruido de los mariachis no traspasaba y así no molestaba a sus vecinos.

Esta era una mansión de Gonzalo Rodríguez Gacha, en los ochenta. Se ubicaba al norte de la capital, con alrededor de 5400 metros cuadrados. Fue noticia hace un tiempo, cuando China la compró para poner una de las embajadas más grandes de América Latina.

Esta casona que ahora está descuidada, tiene poco de lo que fue en su momento cumbre. Pero los muros, altos y elegantes se mantienen en pie.

Tenía un inmenso patio jardín, con tres puertas grandes e intercomunicadores que hoy no están. Fue considerado por Forbes como uno de los hombres más ricos del mundo. En los ochenta compró esta casona construida por japoneses. No se sabe el precio que pagó, pero seguro fue mucho. La BBC Mundo afirmó que China pagará casi 18 millones de dó- lares por ella.

Esta casa, llamada la Casa Gacha, tenía grandes lujos. No solo los de- corados de oro nombrados arriba, sino también pieles de oso, cristalería de la marca francesa Baccarat y vajillas europeas.

Luego de la caída del capo, la casa fue objeto de múltiples saqueos. Todo porque creían que dentro quedaban caletas de dinero en alguna parte, así como joyas y cosas valiosas. A saber si saquearon esto.

Aunque el crimen no paga, este sí, porque desde sus inicios, cuando un cargamento de marihuana que coronó Rodríguez Gacha, a mediados de los setenta, se envió a México, país cuya cultura admiraba con devoción. Su cabeza, tiempo después tuvo precio, mil millones de entonces por atraparlo vivo o muerto.

Llegar a Pacho, a un par de horas y media de Bogotá, luego de la caída de este hombre que era tan respetado en la zona, además de miedo y hasta veneración, es encontrar que aún allí la gente recuerda con afecto a El Mexicano.

Juan Manuel Soto, persona que fue muy cercana al narcotraficante, asegura que este tenía intención de ayudar a los que él, tenían raíces humildes. Dicen que era muy importante para el pueblo, porque los ayudaba y los impulsaba a salir adelante.

Otras de las propiedades que tenía era Sonora y Mazatlán, fincas y pro- piedades de El Mexicano, estas siguen en pie. Esta la Hacienda Chihuahua, que permanece intacta, fue construida para Tupac Amarú, el caballo que Rodríguez Gacha compró en un millón de dólares.

También está una iglesia y un bar en la plaza central, la plaza de toros, y

otras edificaciones que recuerdan su paso por este mundo.

Nadie ignoraba que el negocio de este era el narcotráfico y que colaboró con mucha gente pobre que lo necesitaba, especialmente a niños.

Contrastando esa opulencia de entonces, hoy, una de las haciendas, la llamada Cuernavaca, donde el capo pasaba gran parte del tiempo, está abandonada.

Donde estuvo el baño turco y el jacuzzi ahora parece que hubiera sido escenario de una explosión, en la piscina hay agua con musgo y otras plantas.

El lugar se ocupa por una fundación que salva perros de las calles y donde antes había habitaciones donde descansaba el traficante, ahora duermen los perritos.

En este lugar está Santiago Vivas, quien se encarga de cuidar los perros y asegura ver varios huecos donde algún día excavaron buscando millones de dólares que presuntamente El Mexicano dejó enterradas. Pero dice que no han encontrado nada.

En las bóvedas del cementerio de Pacho, están los restos de siete personas, entre ellas los padres de El Mexicano, su hijo el piloto que volaba el avión en el que llevaban la droga al exterior y el propio narcotraficante. Casi nadie visita su tumba.

Dicen que el hombre representa poco para el municipio de Pacho y para el país, las casas y las propiedades tan bonitas, porque con ese dinero que tuvo, las edificó, pero nada bueno salió de ellas.

El impacto social de Pablo Escobar y los aportes producto de su trabajo en el cartel de Medellín

Escobar tenía años inaugurando canchas de fútbol, espacios deportivos en comunes humildes, y siempre iba a sectores populares, mandaba a sembrar árboles, hacía donaciones.

En esa época la gente decía que apoyaba la candidatura de Escobar para la Cámara, porque era un joven con inteligencia y amor por los desprotegidos, que era merecedor de envidias por parte de los políticos podridos de entonces, según las personas.

Decían que era como un mesías paisa.

Durante su tiempo de campaña, Escobar visita el barrio Moravia, en Medellín. Fue después de un incendio que arrasó un poco de casas de cartón y tablas. En esta visita entregó colchones, sábanas, ropa, alimentos, y otras cosas más. Este barrió estaba hecho sobre un basurero que olía terrible. Los vecinos le pedían ayuda para reconstruir sus hogares.

Pero Pablo quería otra cosa, según cuenta el hijo del capo, Juan Pablo: "Mi padre se propuso sacarlos de ahí y regalarles casa nueva en otro barrio. Su plan consistía en construir viviendas y darles trabajo a los primeros vecinos para que construyan más", cundo vuelve a casa, organiza una re- unión con muchos de sus colegas narcotraficantes. Cuando los tiene reunidos, les dice:

"¿con cuántas casas me va a colaborar para los pobres?", entonces, cada uno hizo su aporte y de esta manera financió unas trescientas casas, además de su bolsillo pagó 143 más. La entrega se hizo apurada, porque el cartel de Medellín creía que el Ejército podría tomarlas. Una noche le dieron la sorpresa a la gente de Moravia, los 443 futuros dueños, podían irse a sus casas. A instalarse.

Han pasado décadas desde esto, ahora, en este barrio nacido de su plan "Medellín sin tugurios" que dejó su nombre de entonces y en 1993, cuando asesinan a Escobar, decidieron rebautizarlo "Barrio Pablo Escobar", en homenaje. Se estima que viven unas 16 mil personas, en unas 4 mil casas, aproximadamente.

En el barrio se puede ver el santuario del Niño Jesús de Atocha, donde unas palabras pintadas aseguran que se respira paz en este lugar. Al menos una vez al mes, llega algún turista a conocer el barrio. Van periodistas, grupos de turistas, a la cacería morbosa de anécdotas.

Dicen que nadie cobra nada por contar la historia, es un pacto de vecinos, no hacer de la imagen de Escobar un negocio. Son agradecidos, tienen un techo gracias a Escobar. Quieren mantener el nombre de la localidad, porque si lo cambian, la alcaldía de Medellín metería más su nariz en la junta vecinal.

Dicen que en este barrio falta una escuela y un complejo deportivo, pero le sobra dignidad y el barrio se llama Pablo Escobar, aunque se pierdan cosas. Muchos vecinos crecen viendo como sus padres le ponen una vela a un retrato del capo. Le rezan. La gente, por esa época, le escribía cartas a Escobar, pidiendo alguna ayuda, lo tomaban como un empresario, que ayudaba. Las cartas tenían respuesta, porque les llevaban pelotas, juguetes, comida.

Lo que tenía Escobar, era que hacía lo que ningún político hacía, por eso su presencia, sus actos, aún hoy, son venerados.

En Medellín, así como en el resto del país, los barrios se califican por estratos, van desde el uno al seis. El seis es el más rico. El barrio Pablo Escobar es estrato 2, es la mitad del camino a la clase media. La estructura del barrio es como favelas brasileras. Calles asfaltadas, algunas curvas, y mucha subida. Los taxis y los colectivos entran y salen sin problemas, hay casas de dos tipos, las bajitas, que pueden ser las de un barrio de clase media normal, hechas por Escobar, y las de varios pisos de ladrillos, sin pintar, las más nuevas. Se ven comercios de todo tipo, desde peluquerías, hasta ventas de bicicletas, lugares para comprar todo tipo de cosas, ropa colgada en las viviendas, una iglesia hecha con dinero que puso Escobar, imágenes de su rostro en muchas paredes. Todo es urbanizado, no hay calles de tierra. Cuando son los tiempos del Atlético Nacional, algunos vecinos atan banderas verdes y blancas con la cara de Escobar en el centro.

Esto deja algo muy claro, Escobar no murió, está en muchos lados. Algo que se valora, es que nunca se intentó esconder en este barrio, a pesar de que lo podían proteger. Dentro de las metas de estos vecinos, está la de homenajearlo con una estatua.

Cada dos de diciembre, fecha en la que lo mataron, salen colectivos al cementerio. Un hombre, que trabajaba en el cementerio, de nombre Elkin, conoció a varias figuras de Escobar, ha visto de cerca del proceso de exhumación e inhumación de Escobar, allí conoció a Hermilda Gaviria, la mamá de Escobar. Elkin vivía en una casa alquilada, con cinco hijos, un día su casero le pide la propiedad y se ve en aprietos. Sabía que la mujer daba donaciones todavía, ropa y otros enseres, entonces un día se atrevió a pedirle una casa.

Este hombre, que dice que ha escuchado muchas cosas de ella, solo

puede agradecerle, porque el techo que tiene, es gracias a la madre de Escobar. Elkin dice que aún las personas pasan por la tumba de Escobar, cual si visitaran una familia, con ese afecto, incluso las personas le lloran. Ahora, quienes van son gringos, extranjeros y curiosos. Esa tumba, se dice que tiene un empleado fijo que la limpia, para mantenerla pulcra para sus visitantes.

Las historias y los testimonios son parecidos. Bertha Herrera, también cuenta que pasó de dormir en un cartón a un techo sobre su cabeza, gracias a Escobar. Muestra fotos del capo que tiene en casa. Otra vecina Roció Echevarría, muestra una imagen de Escobar como si fuera un santo. En cierto modo fue un Robin Hood, pero ninguno de estos que he contado se parece a la de Wberney, quien fue militar y su primera misión fue buscar a Escobar. En esa época estaba prófugo, decía que si llegaba a verlo, no podría dispararle. Porque no podía hacerlo contra alguien que sacó a gente de la basura, de un terreno parecido a Haití a vivir en un sitio decente. Desde la clandestinidad siguió ayudando, lo que nunca hizo el Estado. Entonces no es que apoyen a los narcos, pero sí a lo que hizo.

TRANQUILANDIA, EL GRAN LABORATORIO DE DROGA

Tranquilandia es una extensión grande de tierra ubicada en la selva del Caquetá y el Meta, en la región conocida como Los Lanos de Yari, con- trolada por el cartel de Medellín, allí tenían un complejo importante que era usado para procesar el tráfico de drogas ilícitas. Tranquilandia tenía 19 laboratorios y ocho pistas de aterrizaje con muchas aeronaves.

Los narcos de entonces, que eran liderados por Escobar, comenzaron comprando tierras, otras las quitaron a la fuerza y finalmente, según algunos testigos, trajeron a los paramilitares. En Guaviare, Caquetá y Meta, mataron campesinos y a otros los desterraron. Incluso sacaron a ganaderos que no quisieron ni vender ni colaborar

Desde Tranquilandia y desde las pistas de este lugar sacaban droga cada mes, toneladas que se vendían en Estados Unidos. Tranquilandia ha sido todo un tema, porque aún hoy, siguen saliendo cosas a la luz, como la presunta implicación de la familia Uribe, la del expresidente, que hoy es senador de la república.

Surge que el día del ataque a Tranquilandia, se incautaron varias aero-

naves, entre ellas, una de la familia Uribe, aunque estos alegaron que un año antes fue vendida a los Ochoa, aunque hay muchas lagunas con esta información.

Durante el clímax de las operaciones, el cartel recaudaba 60 millones de dólares diarios, los ingresos totales eran de decenas de miles de millones, posiblemente cientos de miles de millones de dólares. Había muchos grupos durante los años del cartel, por lo general, los blancos de Estados Unidos, canadienses o los europeos, organizados con el único propósito de transportar cargamentos de cocaína, con destino a Estados Unidos, Europa y Canadá.

Más de dos mil hombres armados hasta los dientes, formaban parte de la flotilla de asesinos de Escobar y los socios, Gonzalo Rodríguez Gacha, Carlos Lehder y los hermanos Fabio, Jorge Luis y Juan David Ochoa. Su hermano Roberto Escobar y el primo Gustavo Gaviria estaban de segundos en la línea de jerarquías del capo y del cartel.

Tantos hombres que en el capítulo pasado abordamos y del que nadie habla. Se encuentra documentado en muchos sitios y que fracturó en los años ochenta con las fortunas y las extravagancias de estas personas que operaron con la frase Plata o Plomo que era en un lenguaje popular que al cartel nadie le podía decir que no. Hubo quienes lo hicieron y bueno, pagaron con sangre o con destierro.

El cartel de Medellín activó lo que nunca había existido en Colombia, como los ataques de coches bomba, el pago por torturas, los secuestros extorsivos, todo esto con el poder de las balas. Hubo alianzas con las guerrillas, con los paramilitares. Como el caso donde se tomó el Palacio de Justicia en 1985 y causó una masacre en uno de los días más sangrientos de Colombia, esto producto del pacto de Escobar con el M-19. Luego, meses más tarde, el mercenario israelí Yair Klein, que entrenaba a los matones para que fueran los mejores.

LA PRODUCCIÓN DE LA DROGA

La materia prima para preparar la droga es la pasta de coca, la cual era importada de Ecuador y Perú, porque en Colombia no se sembraba en ese momento. Luego se llevaba a los laboratorios clandestinos para convertirlo en polvo blanco, y era llevado por rutas comerciales que eran parte del iti-nerario de las líneas aéreas y marítimas, tanto de carga, como de pasajeros, hasta el sitio final. Se llevó en aviones propiedad del cartel hasta Cayos en aguas del Caribe. En las islas Bahamas, donde hacían escala en la tierra de Lehder, para luego llevarlas a Estados Unidos.

Cuando cae Cayo Norman, que es la isla de Lehder, el cartel de Medellín sufrió un golpe, igual, ellos ya tenían otras rutas y permanecieron activo un largo tiempo. La idea de los distribuidores era tener una cantidad tal que los cargamentos se llevaran a Estados Unidos y Europa sin problemas con la policía y sin decomisos.

LA CAÍDA DE TRANQUILANDIA

El día en el que las fuerzas especiales de la Policía, desmantelaron el mayor complejo de producción de coca del cartel de Medellín, la historia del negocio de drogas, cambió. Esto sucedió el 7 de marzo de 1984, la historia de la lucha contra el cartel en Colombia tuvo un duro golpe.

Ese día, un grupo de agentes especiales de la policía y agentes encubiertos de la DEA, asestaron esta estocada, nunca antes habían sentido las bajas como sucedió ese día.

Una proporción grande de tierra en la selva, donde había grandes cantidades de droga y laboratorios.

El operativo fue dirigido por el coronel de la policía Jaime Ramírez Gómez, cabeza del operativo, encontraron una serie de laboratorios, ocho pistas de aterrizaje y 13,8 toneladas de cocaína, calculadas en unos 1200 millones de dólares. Acabaron con este lugar y fue un suceso nacional.

Claro, el cartel de Medellín no se quedó con las manos cruzadas y la acción vendría pronto. Mientras las autoridades celebraban el golpe, los sicarios mataban en el norte de Bogotá al entonces Ministro de Justicia, Rodrigo Lara Bonilla. Este líder político, que, bajo las toldas del nuevo liberalismo, y la condición de alto funcionario, estaba dando buenas avanzadas en la cruzada por acabar con las organizaciones mafiosas.

Este fue el principio de una guerra entre el cartel y el Estado colombiano, una guerra sin cuartel. Un fenómeno que durante los gobiernos de Alfonso López Michelsen, y Julio César Turbay Ayala, no fue considerado un problema de fondo para Colombia, esto según palabras del propio Jorge Orlando Melo, historiador colombiano.

A lo mejor por esto, en 1982, el poder de los principales carteles del narcotráfico, llega a su apogeo. No en balde, por entonces podían manejar un negocio que les permitía importar divisas que oscilaban entre los 800 y los dos mil millones. Es decir, entre el 10 y el 25% de todas las exportaciones del país. Se trataba de unos ingresos muy concentrados, con

capacidad para influir en la vida económica, pero por medio de sectores reducidos de beneficiarios.

Es por eso que el cartel disfrutaba de las mieles de las drogas, cuando el revés con Tranquilandia, les dolió y la fiesta comenzó a apagarse, pasando de narcotráfico a guerra.

Muerte a Secuestradores

Por esa época, el cartel de Medellín crea un grupo llamado Muerte a Secuestradores (MAS). Dado que los guerrilleros veían que los narcos acumulaban una fortuna muy grande, se les hizo agua la boca y querían financiación. Entonces, el 12 de noviembre de 1981, un grupo guerrillero que pertenecía al M- 19 secuestra a Martha Ochoa, hermana de los Hermanos Ochoa y piden por su liberación una suma de 12 millones de dólares.

Esto, sin duda, puso nerviosos a los capos, porque cualquier miembro de su familia podría correr con la misma suerte, es por esto que unas se- manas después del rapto, los Ochoa convocan a una reunión, donde van más de 200 miembros de carteles, entre ellos los de Medellín.

El panfleto del MAS decía:

MAS

Muerte a Secuestradores

223 industriales de todo el país, hemos acordado la formación del

M.A.S. "Muerte a secuestradores", su objetivo es la ejecución pública y sistemática de cualquiera que se vea envuelto en el atroz delito del secuestro.

Cuando llegan a un acuerdo, el plan es que tendrían seguridad en contra de la guerrilla. Cada uno aportaría dos millones de pesos a la causa, así como diez de sus mejores hombres. De esta forma surge el grupo paramilitar Muerte a Secuestradores. Tenía más de dos mil hombres y más de 400 millones de pesos para subsistir.

La primera misión fue la liberación de la joven que entonces tenía 26 años, y por ello secuestraron y asesinaron gente cercana al grupo guerrillero. Los del M- 19 no pudieron con semejante ataque, y no tuvieron más opción que liberar a Martha Ochoa el 16 de febrero de 1982.

Capítulo 4: El cartel de Cali

E L CARTEL DE CALI forma parte de la historia del cartel de Medellín, porque tuvo un gran papel en su camino a que cayera Pablo en el 93. Pero sus inicios datan de mucho tiempo atrás. Se relaciona con el secuestro, con un grupo llamado Los Chemas, dirigido por Luis Fernando Tamayo Gracia que secuestra a los ciudadanos Herman Buff (diplomático) y Wermer José Straessle (estudiante).

El dinero que recogen de este secuestro, lo invierten en formar un grupo que asume la actividad del narcotráfico, comenzando con la marihuana y más tarde adoptando la cocaína. El cartel es fundado por los hermanos Orejuela, Guillermo y Miguel Rodríguez Orejuela. También por José Santacruz Londoño. El cartel lo constituye un estrato social medio articulado a las actividades económicas convencionales y con una personalidad empresarial desarrollada. En los setenta el cartel envía a Helmer Pacho Herrera a la ciudad de Nueva York, para que establezca operaciones por medio de un sistema de coordinación, en las distintas tareas de la industria del narcotráfico, producción, transporte, comercialización, etc. No obstante, la división de las células de este cartel, se subordinan a las ma- yores, pero tienen independencia interna. En esto, el cartel desconcentra las funciones de la cadena productiva especializando grupos en lo relacionado con el narcotráfico, lo militar, lo político, lo financiero y lo legal. Es este un cartel donde los capos buscan mantener un perfil bajo.

Dentro de los líderes del cartel, están: Gilberto Rodríguez Orejuela, conocido como el Ajedrecista, y su hermano Miguel Rodríguez Orejuela, apodado El Señor. Ambos fueron extraditados en 2004. José Santacruz Londoño, que fue de los miembros más temidos del cartel, por ser el jefe de la facción más violenta, dado de baja en 1996. Elmer Pacho Herrera, uno de los fundadores, se entrega el dos de septiembre de 1996 y dos años después lo asesinan en la cárcel de Palmira.

Está Víctor Patiño Fomeque, alias El Químico, fue el principal trans- portista de droga que tuvo el cartel. Con el tiempo, hace parte del cartel del Norte del Valle, se entrega en 1995, sale libre siete años después, en el

2002. Pero luego, es capturado y lo extraditan.

Es negociante de la justicia norteamericana. Phanor Arizabaleta Arzayus, miembro del cartel desde el 95, es condenado a 28 años de cárcel por secuestro, pero la condena es suspendida por problemas cardiacos. Henry Loaiza Ceballos, alias El Alacrán, se entrega en 1995, es condenado a 30 años de prisión por su responsabilidad en el homicidio de Daniel Arcila Cardona, principal testigo de la masacre de Trujillo.

El cartel de Cali, innovó en la producción y en el tráfico de cocaína, desarrollaron una compleja red de relaciones entre Colombia, Perú y Bolivia. Trazaron rutas a través de Panamá y Centro América por el Pacífico.

Incursionaron en la producción de heroína, llegaron a controlar el 90% del mercado mundial en épocas donde otros del cartel estuvieron en crisis. Abrieron el mercado en Europa. El cartel de Cali desarrolló el lavado de dólares con una actividad financiera sólida, industrial, con servicios. Gene- raron empresas nacionales e internacionales de éxito. Llegaron a generar dinero limpio en billones de dólares. Entre otros ejemplos de la actividad está el Banco de los Trabajadores, el Grupo Radial Colombiano, Droguería la Rebaja, equipos de Fútbol, Agroindustria y ganadería.

Manejo comercios y transportes. El estatus de los hermanos Orejuela, les facilitó relaciones con funcionarios públicos de alto nivel, con sectores empresariales del Valle del Cauca, y en todo el país. El cartel trabajó por mimetizarse y no mostrar lo que eran en realidad.

Ellos prefirieron no optar por la violencia, excepto cuando se enfrentaron al cartel de Medellín. Para ellos era mejor el soborno antes que matar a jueces y policías, si no los compraban entonces financiaban las campañas políticas, locales y nacionales. Permearon las finanzas de la campaña de Ernesto Samper Pizano, que dio origen al proceso 8.00016, fueron muy prudentes, ellos trabajaron en que antes de pelear con el Estado, lo mejor era ir por lo bajo. Henry Loaiza era el encargado de los temas violentos para las pocas veces se sucedió. Tuvo una escuela de sicarios, con sus cuerpos armados, tuvo campañas de limpieza con el lema de Una Cali limpia, una Cali Bella. Ejercieron violencia cuando les tocó enfrentar al cartel de Medellín.

Helmer Pacho Herrera, hizo retaliación contra Pablo Escobar, por atentados contra el cartel de Cali, asesinando a su primo Gustavo Gaviria, lo que recrudeció más la guerra entre los carteles. Ellos, que demostraban ser inteligentes, desarrollaron una contrainteligencia contra la lucha antidroga. Contaban con información de la Embajada de Estados Unidos y del Ministerio de Defensa, construyeron una red de taxis, al servicio del cartel, con tareas de inteligencia e información sobre los movimientos de la ciudad. Se organiza con otros enemigos de Pablo, y así nacen Los Pepes. Que, junto con la policía antinarcóticos, el bloque de Búsqueda y la DEA, emprenden acciones para apresar a

Escobar. Entre 1995 y 1996 la mayoría de los líderes son apresados, o se entregan. Se mantiene libre Juan Carlos Ramírez Abadía, que luego es capturado en Brasil, en 2007. En el 2004, se da la extradición de los Rodríguez Orejuela, que negocian la condena y las posibilidades de ver a sus familias por 2,1 billones de dólares. Producto de estas guerras, nacen otros carteles, como el del Norte del Valle.

CAPÍTULO 5: LOS CRÍMENES DEL CARTEL DE MEDELLÍN Y HECHOS HISTÓRICOS QUE LLEVARON A LA GUERRA CONTRA EL ESTADO

PARA COMPRENDER EL CALIBRE y el impacto que tuvo el cartel, se tienen que ver algunos de los crímenes que cometió, y cómo todo fue sumando para finalmente desatar la guerra contra el Estado y el nacimiento de bandas que le hicieron la guerra y acabaron prácticamente con el cartel de Medellín, dando pie a otras organizaciones.

ANA CECILIA CARTAGENA

Esta jueza, recibió varias amenazas por parte del cartel. Pero final- mente la pobre fue víctima del crimen, porque los sicarios la asesinaron a tiros. Este fue un crimen que demostró que los funcionarios de la rama judicial estaban en la mira de los narcotraficantes.

Sucedió el 20 de octubre de 1980 en la Avenida Oriental de Medellín, ella fue asesinada por sicarios al servicio del cartel. La juez 50 de instrucción criminal, Ana Cecilia Cartagena. El hecho sucede luego de que el Congreso Colombiano aprobara el tratado de extradición.

Pablo Escobar tiene un solo lugar para ocupar en la historia, el de la infamia, él fue el responsable de la pesadilla que pasó el país entre los setenta y principios de los noventa. Cuando ordenó crímenes tan graves como el de esta jueza.

Ella, había sido amenazada innumerables veces, por eso había solicitado una protección, pero nunca fue atendida.

Como medida de protesta, algo bastante patético dado la gravedad del asunto, el poder judicial cesó las actividades por dos días y los 42 magistrados del Tribunal Superior presentaron su renuncia.

Ella, muere dado que fue responsable de que aprobaran la extradición del gobierno de Turbay con el gobierno de Carter.

EL PABLO ESCOBAR POLÍTICO

Este punto es importante para el cartel de Medellín, que, con su acto, es como si hubiera salido a una plaza principal a gritar que vendían cocaína a los Estados Unidos.

La carrera política de Escobar inicia en las calles de Medellín, luego alcanza su punto cuando llega al curul en la Cámara de Representantes. Este ascenso fue el fin de sus aspiraciones. Porque Colombia no podía tener a un narcotraficante legislando, al menos uno con pruebas.

Civismo en Marcha, fue el primer movimiento que lideró Escobar, con el sembraba árboles, rescataba especies de animales en peligro, y hacia cosas buenas. Con este proyecto ecológico, estuvo trabajando en iluminar canchas, donar infraestructura a los barrios en el nororiente y noroccidente de Medellín.

Lo más destacado fue la construcción del barrio que hoy lleva su nombre. Este capo, destinó una suma importante para darle vivienda, a más de 400 familias, aunque otros datos dicen que a más de 600.

Con su llegada al Congreso, Escobar logra tener inmunidad parlamentaria, que lo protege de ser extraditado. Luego de obtener reconocimiento público donde se le toma como un gran benefactor social. Escobar comienza a trabajar en la carrera para llegar al poder, pese a que una gran parte del cartel se oponía, porque no era inteligente hacerlo, especialmente para un bandido como él.

Para hacerlo, reestructuró el movimiento Civismo en Marcha, y creó Renovación Liberal, que adhirió al proyecto Alternativa Popular del polí- tico tolimense Alberto Santofimio Botero, quien por cierto años después, tuvo que pagar por el asesinato de Galán.

Escobar quería formar parte del Nuevo Liberalismo de Luis Carlos Galán, sin embargo, este, en una visita a Medellín el 4 de marzo de 1982, fue enfático y bastante preciso en no permitir su ingreso, basado en su clara postura de no tener ni aceptar vínculos y cercanías con el narcotráfico.

Igualmente, Escobar llega al congreso ese año, como suplente de Jairo Ortega. Sin embargo, el fin de la carrera política se acercaba. En septiembre de 1983, cuando el Ministro de Justicia Rodrigo Lara Bonilla, cita a un de- bate en el Congreso y revela los nexos de Escobar con el narcotráfico.

El director de El Espectador, Guillermo Cano, un viejo zorro en temas de periodismo, saca una noticia que tenía guardada, era una donde se reseñaba que Escobar había estado preso poco tiempo por traer coca de Perú,

información que estaba bien guardada, pero que igual los sabuesos de la prensa consiguieron.

Esto era un duro golpe al cartel, especialmente a Escobar.

Con la partida de esta manera, Pablo Escobar actuó con inteligencia y se retiró, claro, antes de hacerlo dijo:

"Yo he tomado la determinación de retirarme definitivamente de la política porque considero que para prestarle un servicio a la comunidad lo puedo hacer con mis obras cívicas sin tener ninguna participación en ella".

A partir de ahí, cuando le quitan la inmunidad parlamentaria, se con- vierte en un prófugo de la justicia. Él creía que el poder económico y mi- litar le otorgaba ser el máximo jefe del cartel de Medellín y con esto podría ser parte del poder político, para algún día ser presidente de Colombia. Sin embargo, nunca se pudo desligar de los nexos ilegales y esto truncó sus ambiciones.

Las razones de mayor peso que llevaron a Pablo Escobar a ser político es que a finales de 1980, sale la ley 27 que decretaba el tratado de extradición a los Estados Unidos. Tanto Escobar, como Carlos Lehder, usaban la retórica nacionalista extrema, para justificar la oposición al tratado de extradición. Los dos, naturalmente solo defendían sus intereses, porque sabían que estarían entre los primeros en ser extraditados.

Sin embargo, este argumento tampoco explica la participación de manera directa y personal de Escobar en la política. Escobar sabía que al ser político tendría inmunidad parlamentaria por cuatro años. Esto lo protegería del riesgo de la extradición. De todos los argumentos, este es el más natural para justificar su interés de participar en la política. Aunque a pesar de la gran inteligencia del capo, este fue de los peores movimientos estratégicos que hizo.

La razón de la oposición del grueso del cartel de Medellín a que Escobar fuera candidato, se debe a que esto aumentaría el escrutinio de los políticos, los medios y la ciudadanía sobre las actividades económicas y la de sus socios. Pero Escobar, terco al fin, insistía en que el poder político les brindaría el poder absoluto, el poder económico lo tenían. Pero sus socios tenían razón.

Este, como ya dije, fue de sus peores errores. Cuando estaba en el congreso, Lara Bonilla le metió la zancada con pruebas y Guillermo Cano le dio la patada en la cara con su noticia que no daba lugar a dudas de su

nexo con el narcotráfico.

Hasta el momento Escobar era un presunto narcotraficante, pero ahora era un narcotraficante. Sin auxiliares de por medio. Esta noticia de El Espectador relataba tanto la noticia, como la muerte del par de detectives que investigaban el caso, los cuales mató Escobar muchos años atrás.

Escobar aprendió una lección, dura, descubrió la ventaja comparativa en la política y supo que podía usar el poder de facto y no de jure. Desde 1984, la influencia de Escobar se manifestaría en la política, por medio de sobornos y asesinato de personas poderosas. Cayeron candidatos presidenciales, jueces, periodistas, policías.

Salió la frase Plata o Plomo, los dos elementos fundamentales del poder político de facto. Este poder resultó ser exitoso para el cartel y puso de manifiesto la debilidad institucional de la democracia colombiana.

En junio de 1991, poco después de que la nueva Constitución prohibiera la extradición de ciudadanos colombianos, el principal objetivo polí- tico de Escobar, este se entregaría a la justicia.

Se entrega en una cárcel que con su poder había construido, hecha a su medida. Los guardias y los soldados de esta prisión, fueron seleccionados por él y trabajaban a sueldo para este. Era una cárcel llena de lujos, Escobar citaba a personas que ejecutaban y enterraban en la propia cárcel. Finalmente, cuando saben que vienen a capturarlo, se fuga tranquilamente, en complicidad con guardias y soldados que custodiaban el centro penitenciario.

Claro, finalmente cae, pero para llegar a ello, pasó bastante tiempo, mucha sangre, se rompieron muchos muros que Pablo había puesto. De no ser por el apoyo del cartel de Cali, de Los Pepes, de las fuerzas colombianas y hasta de la DEA, no hubieran atrapado a Escobar.

A nivel político, Escobar, para beneficio propio y del cartel, intentó acumular el poder político de jure y de facto, pero solo el de facto logró darle ese poder que fue tan duro de quebrar.

¿Qué razón lleva a un bandido como Escobar a ser político?

Seguramente hubo mucha ingenuidad, sobreestimó la capacidad que tendría de lograr públicamente la aceptación y la legitimidad por parte de la elite nacional. A lo mejor el poder corruptor de los políticos fue mayor y lo llevaron a cometer un error gravísimo y tuvo que irse a la clandestinidad.

Más allá de eso, otro punto a revisar es las formas en las que la política y la criminalidad viven juntas. Este es todo un fenómeno a analizar, el narco- populismo, no solo para el narcotráfico, sino para otro tipo de crimen. Una manera de tratar de entender a los criminales que combinan las fuentes de jure y de facto en el poder político.

LARA BONILLA Y EL PRESUNTO CHEQUE

Cuando Escobar estaba fuera del foco de la política, todo el cartel de Medellín descansó. Pero las cosas no acababan ahí, Lara Bonilla seguía enfático en atacar a Escobar.

En 1983 Rodrigo Lara Bonilla entra al gobierno como Ministro de Justicia, comienza a ser reconocido por sus debates férreos contra el narco- tráfico. Allí denuncia a Escobar. Pero este no se queda de manos atadas, se prepara para desacreditar a Lara Bonilla y tratar de anularlo políticamente.

Por ejemplo, le da un plazo de 24 horas al ministro para que presente pruebas en su contra y anuncia acciones legales contra el funcionario:

"El señor ministro de Justicia me acusó a mí en forma injusta, y yo lo he denunciado penalmente porque ha incurrido en el delito de calumnia, que el Código Penal de Colombia castiga de uno a cuatro años de prisión".

Cuando le preguntan sobre los negocios que tiene, Escobar respondía con todo el descaro que: "En Antioquia todos conocen las inversiones en el campo de la ganadería y en el campo de la construcción".

Esto es nada, estrategia entre políticos que sucede todos los días en todos los países del mundo. Vinieron unos ataques más duros, Jairo Ortega, titular del curul de Escobar, acusa al ministro de haber recibido un cheque por un millón de pesos de Evaristo Porras, un narcotraficante pro- cesado en Perú.

Escobar, que fanfarroneaba con una visa norteamericana, donde decía que él era un ciudadano ejemplar, que nada lo tocaba y era honrado, esta le fue cancelada y un juzgado de Medellín ordenó la captura en su contra por la muerte de dos agentes del DAS y Escobar pierde la inmunidad par- lamentaria en octubre de ese año.

En 1984, Escobar anuncia que se retira de la política, pocos meses después, el 30 de abril de 1984, Rodrigo Lara Bonilla es asesinado.

El Cartel de Medellín no pasaba su mejor momento, porque además del caso político con Escobar, Carlos Lehder recibía bombardeos.

En Estados Unidos salía una extensa noticia, específicamente en el Miami Herald, donde decían que él era un narcotraficante que procesaba cocaína, que tenía nueve identidades y que lejos de ser un empresario que paseaba en un auto de lujo en el Quindío y ayudaba a personas, además de tener más que equipos adeptos, era un hombre que mandaba cocaína a Estados Unidos.

El paraíso que ha existido hasta ahora en el cartel, comienza a calentarse y falta muy poco para que las armas se accionen y venga el inicio de la sangre en las calles de Colombia.

La muerte de Rodrigo Lara Bonilla, un suceso que aun indigna a los colombianos

No voy a narrar la muerte de Lara Bonilla, no al menos del modo en el que aparece en muchos lugares. A él lo matan en su coche cuando va de regreso a casa. Un par de sicarios, de los cuales apenas sobrevive uno. Pero la cadena de contrataciones es tan larga que no logran llegar muy allá en las investigaciones y captura de los responsables.

Sospechosamente el coche en el que iban otros guardaespaldas se retrasa un poco y es el momento en el que la moto acelera, el jovencito en la parrilla dispara y asesina al ministro. Una lluvia de balas que termina solo con él muerto, a pesar de los que iban a su lado, nadie más muere. Sucesos que quedan grabados y que generan curiosidad.

La guerra inicia esa noche del 30 de abril de 1984. El presidente Belisario Betancur ordena perseguirlo sin tregua, tanto a los capos del cartel de Medellín como del cartel de Cali. De inmediato se anuncia la aplicación del tratado de extradición.

Esa noche los mafiosos huyeron del país, llegaron a Panamá, y al otro día, recogen a la esposa de Escobar, y se van a la frontera con ese país, para llegar por tierra al lugar donde estaba Escobar.

En este lugar, sucede algo que se ha relatado en distintos sitios, que es la propuesta de algunos miembros del cartel de Medellín, al ex presidente Alfonso López, que estaba en el país a propósito de unos comicios. La idea era una entrega pactada. Luego viene la salida a Nicaragua por la traición de Manuel Antonio Noriega, las fotografías en una pista de aterrizaje que tomó el piloto gringo, donde se ve a Escobar, a Gaviria y a Rodríguez Gacha cargando cocaína. El regreso a Colombia a la fuerza de todos y la persecución que inicia con 9 años sangrientos para todos los bandos.

Siempre en toda la historia hay una parte que no se conoce. Tengamos

presente que la historia la escriben los que ganan. Por eso, aquí quiero mostrar un poco de historia de lo que pasó el día del crimen. Lo que hacía Escobar y el lugar donde estaba.

Hay un hombre, llamado El Malévolo, que narra una historia que apa- rece en el libro del hijo de Escobar y que hoy parafraseo aquí:

Este hombre estaba con Escobar el día del asesinato a Lara Bonilla, lo acompañó hasta los momentos previos a irse a Panamá huyendo. Según cuenta, esa noche calurosa, llega a la hacienda Nápoles, con una mujer hermosa que había sido reina de Medellín, luego de instalarla en una de las habitaciones de La Mayoría, que era el nombre de la casa principal de la hacienda, fue a por Escobar para pedirle un favor.

—Oiga Malévolo, ¿usted conoce a un señor Obando en San Miguel?

¿Vende oro todavía?

—Sí, patrón.

—Es que le quiero dar un regalo a la muchacha que está conmigo.

Llámelo.

Estaban conversando cuando aparece una mujer de unos cincuenta años, era la madre de la reina. Se reúnen alrededor de la piscina y Pablo sugiere ir de paseo por la haciendo y llevar trajes de baño y comida como para almorzar. Salen en un campero extralargo Nissan, descapotado y con las puertas pintadas con el logo de la hacienda.

Escobar conduce, las dos mujeres a su lado y Malévolo atrás. La jornada discurre entre risas y conversaciones amenas. Se bañan en el río La Miel, almuerzan, y descansan.

Al regresar, a madre de la reina pasa a la parte de atrás del campero, se pone al lado de Malévolo y comienza a cantar boleros. Escobar la azuza y le dice:

— ¿Conque con ganas de hacerle a la señora no?

—En absoluto.

—Güevón, no ves que está ahí con vos. ¿No ves? Hágale. Nos arreglamos y seguimos ahorita.

La idea le suena bien y acepta ir a cambiarse, cuando llega a la habitación, Palillo, uno de los hombres de Escobar, le dice que le regale un poco de colonia porque la de él se acabó. Le dijo que se bañaba y al salir le pasaba el frasco. Cuando sale de la ducha prende la televisión, y daban la

noticia de la muerte de Lara Bonilla. Los reporteros decían que la mafia era la culpable de esto y especialmente Pablo Escobar. El hombre creyó estar soñando ese día, el país estaba abrumado, y Malévolo pensó que estaba en el lugar errado, porque no era un hombre violento.

Palillo entra a la habitación cuando escucha algo y se queda helado por los sucesos de Bogotá.

—Hijueputa, cómo se nos va a caer la vuelta —Dice como peleando con el aparato, a la vez que se movía con la pistola en la mano, visiblemente alterado.

Malévolo sale, pone su ropa en una tula que es una especie de bolso y va a encontrarse con Pablo, para ver qué decía. Palillo estaba allí. En planta baja estaban la reina y la madre. Escobar vestía jeans y botas de cuero, se veía despreocupado, como si no pasara nada grave. Al ver la cara de miedo en Malévolo, se acerca y le dice bajito:

— ¿Ve cómo le achacan a uno todo?

Este no tuvo ninguna palabra para decir. Pero la mamá de la reina sí habló:

—Pablo, yo te sirvo de testigo, vos y yo estábamos aquí. ¿Sí o qué?

Pablo se fue al campero, y las dos mujeres se fueron atrás. Malévolo hizo lo mismo, se fue atrás y cuando ya había cerrado la puerta, Escobar le dijo:

—Malévolo, quédese aquí y frente la situación. Si lo meten preso, yo lo saco. Reúna a los empleados porque seguro van a venir a allanar. Cuando eso suceda que todos estén juntos, para que no los vayan a matar.

No había tiempo para oponerse, no pudo hacerlo. Bajó del campero, y Pablo se fue con la reina y la madre. Allí quedó él. Asustado, esperando a las autoridades que vendrían por ahí. Lo raro es que el primer allanamiento sucedió días después.

COSAS DE LA POLÍTICA.

Algo que agregó el hombre, Malévolo, es una conversación que sostuvo con Pablo Escobar, meses después de la muerte del ministro Lara Bonilla. Cuando se puso escapar de la justicia que le seguía los pasos y llegar a Nápoles por unas horas. A lo mejor nunca había tocado este tema con nadie, Malévolo era dueño de una información que muy pocos saben hoy en día:

—Estábamos escondidos en la parte de atrás de Nápoles, sentados,

fumábamos un porro de marihuana. Pablo me mira, y dice:

"Si no mato a Lara, me suicido; ahora ya tengo un motivo para correr, para voltear; ya le encontré sentido a la vida".

Sin duda alguna, el cartel de Medellín tuvo una huella inolvidable con un ser tan enigmático y trastornado como Pablo Escobar.

Capítulo 6: El caso de los Ochoa

L uego que asesinan a Lara Bonilla, en el 84, la mayoría de los capos del cartel de Medellín salen del país para eludir la persecución de las autoridades. Entre ellos se encuentra Jorge Luis Ochoa, quien junto con sus hermanos Juan David y Fabio, emigran a Panamá, donde están escondidos con Pablo Escobar, Carlos Lehder, Gonzalo Rodríguez Gacha, y otros más. Luego de su intento de negociar una rendición que no quedó en nada.

Dado que se filtró a la prensa la fórmula que iban a emplear los narcos de rendirse ante la justicia y el cambio de no ser extraditados sino quedarse en su país, junto a permisos judiciales bastante sinvergüenzas, los evadidos comenzaron a volver a Colombia para enfrentarse al Estado, en especial Escobar, que venía dispuesto a cortar cabezas sin misericordia.

Sin embargo, Jorge Luis Ochoa Vázquez, prefirió irse a Madrid solo para alejarse más de las autoridades colombianas, y también para consolidar los negocios del narcotráfico en la madre patria. Siete meses después, exactamente el 15 de noviembre de 1984, Jorge Luis Ochoa es capturado. En el momento en el que lo atrapan, estaba con Gilberto Rodríguez Orejuela, cabeza visible del cartel de Medellín. En ese momento las autoridades españolas reportaron que Ochoa y Rodríguez estaban montando una red para distribuir cocaína en Europa, razón por la cual comenzaron a ser investigados y le fueron incautados dinero en efectivos y varios bienes a sus nombres.

La justicia norteamericana, al enterarse de la situación sacó sus dientes y mostró el deseo que tenía para con ellos. Especialmente para Ochoa, quería la extradición inmediata para Estados Unidos para que pagara por todos los delitos que se le imputaban. Aquí, comenzó a verse lo increíble, los sucesos del mundo paralelo. De Colombia, a pesar de que se libraba una guerra por cuenta de la extradición de nacionales a Estados Unidos, también llegó una solicitud a España para que los detenidos fueran remitidos a su país con el argumento de que allá tenían delitos y debían pagar por ellos.

A la vez que los carteles de la droga avanzaban en la guerra en Colombia, algunos abogados a sueldo peleaban por conseguir que el par de narcotraficantes presos en Madrid, fueran extraditados a Colombia. Con diferencia de unas semanas, a mediados de 1986, ambos fueron mandados al país natal. Cuando llegaron, por señalamientos de narcotráfico, Orejuela fue puesto en manos de un juez de Cali y Jorge Luis Ochoa a disposición de un juez en Cartagena.

Todo esto, a pesar de que un fiscal del Estado de Lousiana en Estados Unidos, documentó que Orejuela era requerido por ese país, bajo el argumento de ser una de las cabezas más grandes del narcotráfico del mundo. Cuando es interrogado por un juez de Cali, se vio de inmediato que sí conocía la cocaína, pero porque la profesión era la de farmaceutico. Con este tipo de circunstancias, el proceso de Rodríguez se convirtió en un sainete para luego como se esperaba, dejarlo libre.

Además, en ese momento, Orejuela y su hermano Miguel, eran acreditados hombres de negocios en el Valle del Cauca, eran propietarios de laboratorios Kressford y la cadena de farmacias Droguería la Rebaja. Accionistas en el Banco de los Trabajadores, del Grupo Radial Colombiano. Accionistas del equipo de fútbol América de Cali, que ganaban títulos constantemente.

En tanto en el caso de Jorge Luis Ochoa, también extraditado, pero a Cartagena, comenzó a ser procesado por un juez de esta ciudad, se le sindicaba por contrabando de reses de lidia. En ese momento contra Ochoa no había ningún caso por temas que se relacionaran con el narcotráfico. El juez de Cartagena, Fabio Pastrana, le condenó a 20 meses de prisión, ya esto era un descaro, pero, por si fuera poco, para sorpresa del país, se le concedió salir bajo fianza y como era de esperarse, Ochoa nunca más pisó la justicia para cumplir la condena.

A pesar de todo esto con el caso de Ochoa, que le costó procesos al juez de Cartagena, la situación de Gilberto Rodríguez Orejuela, no fue distinta, porque en julio de 1987, por falta de pruebas y en aplicación del principio indubio pro reo, el juez 11 penal de Cali Tobías Iván Posso, le otorgó la libertad. Esta noticia fue todo un escándalo, se apeló al caso. En segunda instancia, el Tribunal de Cali, repitió la sentencia a favor del capo. Tanto el juez como los magistrados fueron objeto de investigaciones posteriores.

Es así como estos dos capos que cayeron presos después de la declaración de guerra del cartel de Medellín al Estado y la sociedad, tras la muerte

de Lara Bonilla pudieron seguir libres en sus andanzas. Solo años después, tanto Ochoa, como Orejuela, volverían a ser procesados, pero mientras el primero saldó las deudas con la justicia con pocos meses de cárcel, el otro pagó pena en Colombia y luego fue enviado a Estados Unidos, donde cumple condena.

CAPÍTULO 7: EL PRIMER COCHE BOMBA

L A OLA DE TERRORISMO telefónico que comenzó a registrar cuando se declaró abiertamente la guerra contra el Estado y este a mantener firme la intención de extraditar a los narcotraficantes, dio pie a una guerra terrible.

La sede diplomática de los Estados Unidos había redoblado su seguridad. Pero todo esto no fue suficiente, porque el lunes 26 de noviembre a las 3 y 55 de la tarde, cuando la ciudad estaba tranquila y parecía que nada sucedía, un fuerte estallido estremeció varias cuadras a la redonda. Un coche estalló frente a la Embajada de la calle 38 de Bogotá, el coche utilizado fue un Fiar Mirafiori con placas FD 7076, dejando un saldo de una persona muerta y seis heridos, la muerta fue una mujer de 45 años que para mala suerte iba pasando por ahí.

Como es de esperar, quienes menos tienen que ver con las personas a quienes se les lanza el ataque. La mujer, antioqueña, madre de cinco hijos, Marta Genoveva Cardona de Betancur, muere en el lugar. Ella, días antes había ido a Bogotá para acompañar a una amiga Claudia Patricia García, quien tramitaba una visa para viajar a Estados Unidos. Cuando el coche explota, las dos estaban al otro lado de la calle de la Embajada, en una cafetería llamada Pepe Pronto. Ante el suceso, el pánico las invadió y salieron corriendo del lugar. Pocos segundos después, un vidrio que se había desprendido le cayó encima a la señora Betancur, muriendo de inmediato. John Jairo Betancur, uno de sus hijos, además de ser infante de marina, de casualidad oía la radio. Algo en su pecho comenzó a avisarle que pasaba algo malo, rogó porque la víctima no fuera su madre, y fue al lugar de los hechos, confirmando, que en efecto el instinto le había avisado y su madre, estaba allí, muerta.

Los heridos fueron Francisco Vargas González y Obdulio Castillo, cuidadores de coches del sector, Avelino Gutiérrez y Félix Antonio Arciniegas, jardineros de la embajada, el marine Silack Red Ruíz y un joven de 19 años, Gabriel Cangrejo Durán, quien resultó más gravemente herido, de familia de bajos recursos, este joven había ingresado cuatro años antes a la fundación Prometeo con el fin de rehabilitarse, pues había caído en las

drogas. Estudiante de quinto año de bachillerato del colegio José Eustasio Rivera, le había solicitado a la directora del lugar que lo contratara como mensajero. Iba haciendo mandados poco a poco, ese día llevaba un libro bajo el brazo llamado La droga, un fugaz y traidor paraíso, la vida le dio una gran sorpresa hiriéndolo gravemente.

Los atentados terroristas contra las embajadas de Estados Unidos son recurrentes en países como Líbano, donde el coche bomba es común, pero en Colombia no era algo que sucediera seguido. Este fue el primer coche bomba, en respuesta del cartel de Medellín al Estado y su intento de extradición.

CAPÍTULO 8: NICARAGUA Y EL CARTEL DE MEDELLÍN

SE HA DICHO QUE Escobar viaja en 1985 a Nicaragua para abrir nuevas rutas para el narcotráfico del cartel. Su hijo, asegura que no es así, sino que residieron un par de meses en el país y cuenta otros detalles más.

Escobar, no estuvo de pasada en Nicaragua, vivió varias semanas, es- tuvo con su madre Hermilda Gaviria, una hermana de él de nombre Alba Marina, su esposa Victoria Henao, su hijo Juan Pablo y su socio Gonzalo Rodríguez Gacha, el Mexicano.

Dice también el hijo, que Escobar mandó a buscar a John Jairo Tascón, Pinina, el jefe de los sicarios de entonces, además de él, también mandó por una docena más, con la tarea de cuidar la familia del capo. Entre ellos estaba uno llamado Paskin.

El cartel estuvo refugiado en Panamá luego del suceso con Lara Bonilla, Noriega les dio asilo. Pero Escobar no se sentía tranquilo, porque este Noriega era un traidor, les había traicionado cuando la policía les llegó a unos laboratorios de coca que tenían en el Darién. Además, Escobar tenía sus dudas de si el hombre estaba casado con la DEA y la CIA, por tanto, su instinto le hizo huir pronto.

Buscó contacto y lo encontró con los guerrilleros colombianos del M– 19, quienes luego le dijeron que algunos integrantes del gobierno de Nicaragua estaban dispuestos a recibirlo a cambio de una ayuda económica para enfrentar el bloqueo impuesto por Estados Unidos. El acuerdo incluía permiso para usar algunas regiones de Nicaragua como plataforma para seguir con el tráfico de cocaína.

En este periodo, Pablo Escobar, EL Mexicano, dos militares de Nica- ragua y el piloto Barry Seal, viajaron a diferentes lugares de Nicaragua a explorar rutas para el tráfico de drogas. Fueron en helicópteros del ejército por lagos y lagunas, por cadenas volcánicas que surcan el país, buscando lugares adecuados para construir laboratorios y pistas de aterrizaje.

Optaron finalmente por usar un pequeño aeropuerto, Los Brasiles, no muy lejos de Managua, por allí enviarían los primeros cargamentos que iban directo a Florida.

Fue allí donde Barry Seal sacó las fotos que luego mostraría a la DEA, donde se ve a Escobar, a El Mexicano y a funcionarios el de Ministerio de Interior, Federico Vaughan, moviendo 600 kilos de droga.

El escándalo de estas imágenes fue increíble. Es la primera vez y la última que vieron a Escobar en esas andanzas y con las manos en la masa. Barry Seal, un traidor que no sería olvidado. Dos años después lo matan en pleno Estados Unidos, cuando iba en su coche lo más de tranquilo.

Las fotografías se filtraron a la prensa y el golpe fue doble, afectaron más al cartel de Medellín y a Escobar y también afectó al régimen sandinista de aliarse con la mafia colombiana. El escándalo fue tal, que un par de semanas después todo el sequito del cartel volvió a Colombia.

Cuando Escobar y El Mexicano llegan a Nicaragua, les recibe Daniel Ortega, el presidente actual de ese país y que por entonces era candidato a la presidencia. Mandó a algunos funcionarios y lo acomodaron en Ma- nagua. Después llegó el resto de la familia que fueron recibidos por funcionarios de alto nivel del régimen sandinista que los llevó en un auto Mer- cedes Benz a una casa antigua y enorme donde se reunió toda la familia.

La casa era de pinta tenebrosa, de muros de ladrillos, altos, con torres de vigilancia con guardias armados, era una casa que en el pasado había sufrido masacres, se sentía la mala vibra o eso narró el hijo de Escobar en uno de sus libros.

Esa época tenia a Nicaragua invivible, porque estaba en ataques con los contras, la ciudad estaba sitiada, los negocios cerrados, la confrontación se veía tatuada en las calles con edificios derruidos, con tiroteos frecuentes y con la tensión alta. Era un sitio que, aunque tuvieras mucho dinero no había en qué gastarlos.

Popeye, cuenta su lado de la historia también, dice que Escobar era amigo de Daniel Ortega, esto se suma al relato que ya hizo el hijo y que también contó la amante de Escobar, Virginia Vallejo, en su libro Amando a Pablo, odiando a Escobar.

"Ahí estaba, íngrimo con todos esos tipos tan feos en uniforme mi- litar... pensando que podían arrojarme al mar porque les dije que nadie

en el mundo tiene 50 millones de dólares líquidos. ¿Puedes creerlo? ¿Eso era lo que querían todos esos hijos de puta dizque de anticipo? ¡Sólo esa maricadita! ¡Qué tal! ¿Los comunistas creerán que el dinero crece en los árboles?", cuenta el libro de Vallejo que dijo Escobar.

Popeye dice que Daniel Ortega le facilitó al cartel el trabajo con la droga:

"Tal es la relación con el jefe sandinista que, estando en una base militar junto con él e Iván Marino Ospina, Pablo les propuso dispararle a una botella, para ver quién tenía mejor puntería. Los dos hombres aceptaron el reto entre risas. Una botella fue colocada a 30 metros de distancia, en lo alto de un estacón de la alambrada de púas. Ortega le facilitó una pistola a Iván Marino, de un subalterno suyo. Le pidieron a Pablo que disparara primero; éste no se hizo rogar y sacó la suya que siempre lo acompañaba; dio en el blanco disparando con naturalidad. Una nueva botella se colocó; el turno fue para Ortega, errando su disparo; le siguió Iván Marino, quien igualmente no dio en el blanco. Los tres se miraron, una sonrisa de triunfo se dibujó en los labios de Pablo. Éste apuntó de nuevo su arma a la botella y Ortega le dice: « ¡Pablo no quede mal, no lo intente de nuevo que ya lo logró!»… Iván Marino le da la razón a Ortega. El Patrón sin contestar nada, dispara, dando de nuevo en el blanco; esto le valió una buena reputación de gran tirador entre los dos líderes de izquierda", dijo Popeye.

Claro, los sandinistas tiene su versión, ellos niegan que Escobar haya vivido allí. Desde la DEA se filtraron esas fotos que llegaron a todo el mundo. Los sandinistas dijeron que esto era un plan de Estados Unidos para desestabilizar al gobierno de la época. Típico de este tipo de gobiernos.

El ministro de interior de entonces, Tomás Borge, negó el 18 de julio de 1984 los cargos de participación y el 20 de ese mismo mes tanto Daniel Ortega como Humberto Ortega, afirmaron que responderían a esta infamia asegurando que la CIA entrenaba contras en la destilación de Cocaína. Esto que según ellos era parte del ataque para desestabilizar al gobierno.

Años después, en mayo de 2005, Borge reveló que en los primeros años de la revolución sandinista, el cartel de Medellín le hizo una oferta al gobierno de Nicaragua para que este pusiera a disposición un aeropuerto y un laboratorio dedicado a comerciar droga, dice que no recuerda por medio de quién llegó la oferta, pero sí que la Dirección Nacional en pleno se reunió en ese momento para discutir y por unanimidad, se decidió que el mayor tesoro era la honestidad y que por lo tanto no podían aceptar

semejante propuesta.

Seguramente otra sería la historia si Barry Seal no hubiera tomado las fotos. Aunque algo curioso es que, en 1992, cuando un medio colombiano le mandó un cuestionario de 123 preguntas a Escobar, en la parte donde le preguntan sobre la relación con los sandinistas, aquí Escobar puso "No hay respuesta".

Capítulo 9: Un par de asesinatos más en un mismo año

L A MUERTE SIGUE CORRIENDO las calles, en eso inicios de la guerra contra el Estado, uno de los primeros que muere es Álvaro Medina Ochoa, quien es asesinado en la entrada de su casa. Esto luego de haber recibido innumerables amenazas por parte del cartel de Medellín.

Eran cerca de las ocho de la noche del 8 de abril de 1985, cuando el magistrado estaba frente a su casa en el Barrio La Floresta en Medellín, estaba junto a su esposa Luz Estela Giraldo, fue abordado por el conductor de una motocicleta que le disparó a quemarropa a la altura del pecho, en un brazo y en una pierna el cual cayó mortalmente herido y con ayuda de su esposa fue trasladado a la Policlínica, donde falleció poco después.

Ya él había recibido amenazas previas, este magistrado, de 40 años, y otros cuatro juristas habían sido amenazadas por tomar algunas decisiones que afectaban directamente a los narcotraficantes, entre ellas las medidas para detener a Escobar y a algunos de sus lugartenientes.

Por doce meses, Medina recibió a varios abogados del cartel de Medellín, quienes le ofrecían sobornos para que amañara las decisiones, pero siempre había una negativa, esto pasó a amenazas intimidantes, incluso hasta 8 al día. Recibía sufragios escritos. Dada tantas amenazas le fue otorgado la protección de dos guardaespaldas que fueron retirados porque el magistrado había considerado que el riesgo había pasado.

"Mi padre y sus colegas asesinados fueron incorruptibles y cumplieron con su deber pese a las amenazas.", le dijo Ricardo Medina Giraldo, hijo de Álvaro Medina Ochoa, a El Colombiano, el 8 de abril de 2015.

Luego de esto, el Gobierno Nacional anunció que redoblaría esfuerzos para combatir al cartel, pero aún, años después, al día de hoy, este crimen sigue impune, la familia del magistrado envió un derecho de petición a la Fiscalía en octubre de 2013, con la finalidad de que el caso fuera declarado

un crimen de lesa humanidad, pero hasta hoy, aún no reciben respuesta.

La muerte de Tulio Manual Castro Gil

Poco después de la muerte del magistrado, el 23 de julio de 1985, el juez Tulio Manuel Castro Gil, quien tenía en sus manos la investigación del ministro de Justicia Rodrigo Lara Bonilla, fue asesinado en Bogotá.

Iba a bordo de un taxi por la avenida Caracas, fue atacado por un hombre que le descargó una ráfaga de nueve proyectiles de metralleta. El jurista, murió en el lugar, mientras que el conductor del taxi, Vladimir Vacca Paredes, resultó herido por un impacto que se alojó en su hombro derecho. El asesino al cumplir su misión se alejó y huyó con otras tres personas que le esperaban.

En la investigación por el asesinato de Lara Bonilla, el jurista llamó a juicio a 16 personas, entre esas al principal miembro del cartel de Medellín, Pablo Escobar, y también a Bayron Alberto Velásquez Vanegas, el hombre que iba en la motocicleta manejando y donde estaba Iván Darío Guisao Álvarez, quien le disparó al ministro de Justicia.

El día del asesinato, el juez estaba en su despacho, cuando recibió cuatro llamadas anónimas que confirmaban que los asesinos le vigilaban, pero a pesar de esto salió para asistir a las exequias de un primo que había muerto.

Por las acusaciones que hizo el juez, se convirtió en un objetivo para los narcotraficantes, aunque Castro Gil sentía el miedo, según testigos de la época, rechazó con vehemencia sobornos y también el servicio de escoltas asignados por e DAS porque creía que de nada servía exponer a los servidores judiciales, porque si los criminales querían actuar igual conseguirían el objetivo.

Días previos a su muerte, le dijo a sus allegados que las amenazas eran más seguidas y que pensaba en irse de Bogotá, pues había sido elegido para la Corte Suprema de Justicia como magistrado del Tribunal Superior de Santa Rosa de Viterbo, en Boyacá.

Capítulo 10: La toma del Palacio de Justicia

U N SEIS DE NOVIEMBRE de 1985 se produjo una noche oscura para Co-lombia, que aún hoy, se recuerda como una acción trágica donde la sangre corrió, pero por parte del gobierno de Colombia para con los rebeldes. Ese día a las once y media de la mañana, un comando del movimiento 19 de abril, M-19 tomó el Palacio de Justicia.

Fueron 28 guerrilleros del Comando Iván Marino Ospina, bajo el mando de Luis Otero y Andrés Almarales. Ellos llevaron a cabo lo que llamaron operación Antonio Nariño por los derechos del hombre. Ingresaron a las instalaciones del edificio ubicado a un costado norte de la Plaza de Bolívar en Bogotá y retuvieron a varias personas que en ese momento estaban en el interior del lugar.

La operación realizada por el M-19 buscaba hacer un juicio público al gobierno, por haber incumplido el cese al fuego con las organizaciones guerrilleras, sin embargo, por las 27 horas siguientes, el país fue testigo de uno de los episodios más oscuros de la historia colombiana. Incluso la Corte Penal Internacional lo consideró una masacre.

La toma del palacio había sido anunciada, los guerrilleros entraron por uno de los sótanos, armas en mano, dispararon a un par de vigilante e hi- rieron a un policía que estaba cerca. Sin mucho problema lograron hacerse con el control del primer piso, se atrincheraron y comenzaron a gritar consignas. En las afueras del lugar la policía y el ejército se instalaron, pen- dientes para seguir instrucciones.

Poco después ya había tanques estacionados en los costados del edificio, primero intentaron ingresar por el sótano, donde se dieron los primeros enfrentamientos, luego se dio la orden de que los tanques entraran por el frente del edificio, lo que obligó a los guerrilleros a trasladarse a los pisos superiores, junto con los rehenes. La comunicación entre los rehenes, entre quienes estaban varios magistrados, y el presidente de la corte Reyes Echandía, y el gobierno, no fue posible.

Los combates siguieron hasta la noche. Los bomberos intentaban apagar el fuego, pero la labor no era posible. Una de las teorías de la toma afirma que el incendio fue hecho por los narcotraficantes para quemar expedientes de Los Extraditables, sin embargo, esto ha sido desmentido.

Desde dentro del edificio, los rehenes intentaban apagar el incendio, al final de la madrugada, algunos de los retenidos fueron rescatados y lle- vados a instalaciones militares, como la Casa del Florero, lugar donde se ubicó el comando del ejército, también fueron llevados otros al hospital militar.

La mañana del 7 de noviembre en el interior del Palacio seguían las explosiones, se presume que para esa hora había varios rehenes muertos.

El total de muertos fueron 98 y 11 personas desaparecieron. Algunos testimonios registrados por periodistas como Alfredo Molano, indican que ningún cadáver tenía disparos de los fusiles de la guerrilla y la justicia ha comprobado que varias personas que aún siguen desaparecidas, fueron vistas saliendo con vida de la edificación.

Con los años, ya son 5 las personas que permanecen desaparecidas, mientras otras han sido identificadas, lo que constituye un paso en el ca- mino del esclarecimiento de los asesinatos de muchos trabajadores, visitantes e incluso magistrados. Los desaparecidos son un testimonio de la masacre que se empleó para retomar el lugar. Esa misma noche, al país se le obligó a ver un partido de fútbol por televisión nacional, ocultando de esta forma el asesinato de decenas de colombianos.

Algo llamado La Comisión de la Verdad, que fue creada en 2005 por ex magistrados de la Corte Constitucional, estableció como responsables del holocausto de Palacio al M-19, al presidente de entonces Belisario Betancur y al ejército de Colombia, el ex presidente contaría hace unos años en una entrevista, que se sentía arrepentido de haber actuado de esa forma ese día.

LA RELACIÓN DEL CARTEL DE MEDELLÍN CON LA TOMA DE PALACIO

Hay investigaciones que dicen que Pablo Escobar, financió la ocupación guerrillera del Palacio de Justicia, les entregó armas a los asaltantes. Esto lo reveló la Comisión de la Verdad.

Se maneja que se entregaron dos millones de dólares a Iván Marino Ospina, quien era jefe del Movimiento M-19 y miembros de ese grupo guerrillero recibieron armas para poder llevar a cabo la toma. Esto se vio claramente en la serie de televisión El Patrón, donde por uno o dos capítulos se muestra el paso a paso que llevó a que se diera la toma del Palacio.

Dice la Comisión de la Verdad que el Estado colombiano tiene que aceptar su responsabilidad, por el exceso de uso de la fuerza tras el asalto de la guerrilla. Porque en ese suceso murieron más de cien personas.

Capítulo 11: Los Priscos

Los Priscos fueron un grupo de criminales al servicio del cartel, este tuvo un papel importante contra la guerra del Estado. Varios magnicidios se les atribuyen a ellos. En su buen momento tuvo a más de 300 reclutados para asesinar, secuestrar y asesinar.

El nombre les viene de los cuatro hermanos de la familia Prisco, Armando Alberto, Eneas, José Rodolfo y David Ricardo. Otro de los hermanos Conrado Antonio, no andaba en acciones delictivas, era médico de profesión.

Los Priscos estuvieron implicados en asesinatos del Cartel. Los hermanos se relacionaron con el caso de Lara Bonilla, del director de El Espectador (famoso diarfio colombiano) Guillermo Cano, el magistrado Hernando Baquero Hoyos, del gobernador de Antioquia Antonio Roldán Betancur, del coronel Valdemar Franklin Quintero, del coronel Jaime Ramírez, del jefe de sección de tránsito de Medellín, Mauro Alfredo Benjumea, de los magistrados del Tribunal de esta ciudad Álvaro Medina Ochoa y Gustavo Zuluaga Serna y del atentado al representante de la cámara Alberto Villamizar, entre otros.

La agrupación delictiva se desmanteló en 1991, cuando David Ri- cardo Prisco, jefe del grupo, muere el mismo día que su hermano en dos operativos separados y hechos por la policía de Medellín y Rionegro respectivamente.

En 1980 Ricardo Prisco, alias Chino o Richard, fue capturado en Pereira por la Policía Nacional de Colombia y puesto a las órdenes de un juez que lo procesó por hurto de autos. Luego de recuperar la libertad, fue reclutado en el cartel de Medellín, por orden del propio Escobar, luego el nombre Prisco se relacionaba con el cartel, y ambos fueron incondicionales. Escobar le diría en un mensaje Con ustedes hasta la muerte.

El 5 de febrero de 1983, nuevamente Ricardo fue capturado por las autoridades ahora con el delito de homicidio encima, luego de ser liberado, fue detenido de nuevo el 11 de agosto de 1984 pero fue liberado poco después.

Ricardo Prisco gozaba de popularidad entre algunos vecinos de Aran- juez. La simpatía era porque asaltaba almacenes y les vendía los productos más económicos a menos precio a los asaltantes del barrio, también porque tenía cuenta abierta en un supermercado de Aranjuez para darles suministros a las familias pobres y porque ayudaba económicamente a estudiantes de bajos recursos.

Con el dinero que ganó con sus primeros crímenes, los hermanos ordenaron levantar una estatua en honor al a Virgen del Carmen en su casa del barrio Aranjuez, algunos conocidos aseguraron que antes de cometer un crimen los Prisco se encomendaban a la virgencita para que la misión saliera con éxito.

El nombre de ellos comenzó a resonar luego del asesinato de Rodrigo Lara Bonilla, al año siguiente de esto, matan a Tulio Manuel Castro Gil, quien había dictado auto de detención contra el jefe del cartel, por la muerte del ministro Lara. Pero en 1986 se revela la existencia de Los Priscos en los medios de comunicación, esto a raíz de las investigaciones sobre el asesinato del magistrado Hernando Baquero Borda. La organización del crimen había partido de Medellín. Los sicarios habían salido de la ciudad y la operación era comandada por David Ricardo Prisco. En medio de la escalada de violencia del grupo, ese mismo año asesinan a Eneas Prisco, alias El Negro, en la comuna de Manrique en Medellín.

Baquero había sobrevivido a la toma del Palacio de Justicia, por parte del M-19, pero ocho meses después de esto el 31 de julio de 1986 Baquero Borda, es asesinado en respuesta a su intención de mantener el tratado de extradición en la Corte Suprema de Justicia.

Baquero iba en su coche a la Corte Suprema, varios sicarios lo esperaban en la intersección de la calle 127 con transversal 55, lo atacaron con disparos de ametralladora y pistola, el magistrado que iba al lado de su esposa en la parte de atrás del coche, logra salir por la izquierda, pero fue rematado en el suelo. En el hecho mueren un par de personas más, un transeúnte de 17 años y un escolta. La esposa del magistrado es herida varias veces en el hombro y en una mano. También resultan heridos un policía y el chofer del magistrado.

Según las investigaciones hechas por el DAS que en esa esposa era el principal centro de inteligencia estatal de Colombia, los autores materiales del director de El Espectador, fueron Los Priscos.

Luego de la muerte de este, en los meses siguientes, Los Priscos realizaron varios ajustes de cuentas, lo que llevó a la ejecución de varios miembros de su grupo. Fue asesinado el principal sospechoso de haber disparado a Cano, y otros integrantes. La guerra se desató a comienzos de 1987 en Medellín, en los alrededores y en Valle del Cauca.

José Rodolfo Prisco muere a los 32 años de edad en un enfrentamiento armado contra miembros del DAS, en Bogotá en julio de 1987. De esta forma las autoridades frustraron un atentado que iba dirigido contra el juez que investigaba el caso de Guillermo Cano.

Junto a Prisco cae otro cómplice. Los delincuentes habían llegado a la ciudad a las 5 de la tarde de ese día y se hospedaban con identificaciones falsas en el Hotel Plaza al norte de la ciudad. Los asesinos habrían elaborado un plan con el lugar donde debían atentar contra un ganadero cuyas actividades eran investigadas por las autoridades.

Los criminales cayeron a las ocho de la noche en la calle 127 frente al lugar donde años antes había sido asesinado Lara Bonilla. Los delincuentes iban en un coche Mazda alquilado, cuando fueron detenidos por las autoridades para verificar sus identificaciones. En ese momento los criminales abren fuego contra los oficiales y murieron cuando estos les respondieron.

El camión que llevaba los cuerpos al Instituto Nacional de Medicina Legal, fue interceptado un par de veces por un coche todoterreno, que al parecer quería recuperar los cuerpos.

En su momento la policía dijo que la muerte de Prisco era un golpe fatal a la organización, ya que era considerado eminencia gris de Los Priscos. Pero el DAS consideraba que Los Priscos tenía unos cien integrantes.

CAPÍTULO 12: MUERTE DE JAIME RAMÍREZ

ESTE HOMBRE FUE DE los más grandes enemigos del cartel de Medellín y un objetivo que tomó algunos años alcanzar. Fue el responsable de la toma de Tranquilandia y esto le puso una mira en la frente que años después recibió las balas.

Es que la inteligencia de Ramírez era ejemplar, un comandante anti- narcóticos con historia, cuando puso como objetivo al cartel y a Escobar, comenzó una guerra donde Escobar terminó ganando.

Ramírez muere el 17 de noviembre de 1986, cuando regresaba con su esposa e hijos a Bogotá desde La Vega, luego de unos días de vacaciones. Les interceptó un coche y comenzó a disparar hacia la unidad. Directamente al cuerpo del hombre, los hijos y los demás no se dieron cuenta en un primer momento peor luego sí, cuando vieron que había llamas, fuego y sangre que volaba por todos lados. Los disparos eran con silenciador, por eso parecían como golpes y lo primero que pensaron era que el coche se había averiado. Pero no, eran los disparos contra Ramírez. El hombre cayó al lado de su esposa, que por suerte sobrevivió. A los hijos le dispararon, los sicarios se bajaron y fueron a rematar al hombre. Hirieron a uno de los hijos en las piernas y al otro en una mano.

El delito de Jaime Ramírez es que era un oficial muy honesto, una persona que desde sus inicios de carrera como oficial de la Policía Nacional, llevó el récord de que todas las unidades siempre fueron las mejores de la entidad. A finales del 82, fue nombrado comandante antinarcóticos, el ter- cero que tuvo esta unidad y esto lo convirtió en un dolor de cabeza para el narcotráfico y otras instituciones. Tiene en su haber el lograr un decomiso inmenso como lo fue Tranquilandia, un hito porque era el sitio donde producían la droga como ya se narró antes.

Por esa época el cartel de Medellín le puso precio a la cabeza de Ramírez, y a la vez también estaba pagando un millón de pesos por cada policía muerto, así fuera un muchacho que apenas empezaba y no tenía

nada que ver con el cartel. Fue entonces que la policía se unió en un objetivo común, acabar con el cartel, pero atrapar especialmente a Escobar. Escobar marcó las vidas y al país, es de las consecuencias más graves de la corrupción y de los valores que marcó a muchas familias. La sociedad cambió de valores y se demostró que con dinero se puede comprar personas y conciencias.

Los inicios de Ramírez fueron en los setenta cuando lidera el desmantelamiento de una banda de falsificadores y narcotraficantes en Bogotá, bajo el mando de Iván Darío Carvalho, alias El Mocho, un brasileño que tenía identificaciones como colombiano, nació supuestamente en Medellín. En un operativo de la policía en 1975, fue arrestado en su casa, y se le incautaron cargamentos de cocaína con un valor de 150 millones de pesos. Muchos pasaportes falsos también se hallaron en el lugar, sellos de caucho para imprimir visas y otros elementos. Días después la policía allanó un predio del Mocho en Cundinamarca donde hallaron nexos con Verónica Rivera de Vargas, la llamada Reina de la cocaína.

Cuando Ramírez es ascendido a jefe de la unidad antinarcóticos y en paralelo Lara Bonilla emergía y se hacía ministro, ambos inician un registro de evidencias con personas ligadas al narcotráfico sumando un total de 30 personas, lo que permitió al ministro iniciar una campaña de paralización de operaciones aéreas sospechosas, este era otro golpe al cartel de Medellín y todos los narcotraficantes del país. También pusieron en evidencia que los narcos tenían nexos con políticos y gente del deporte.

Tras la muerte de Lara Bonilla, como sabemos inicia una serie de golpes contra el país. Ramírez quería que la muerte de Lara no quedara impune y es de los más fuertes rivales.

La muerte de Ramírez solo fue una más, vinieron otras intentando doblegar al Estado colombiano, pero su muerte fue un hito histórico para comenzar a recibir apoyo de la DEA para dar con los cabecillas del Cartel de Medellín.

En 1989 moriría el coronel Valdemar Franklin Quintero a manos de los mismos asesinos intelectuales, pero cuatro meses después, la justicia daba un golpe cuando cae El Mexicano, esto debilitó más al cartel de Medellín y fue avanzando para acabar con este.

Aunque luego de la muerte de Ramírez no se le dio el reconocimiento que merecía por haber enfrentado prácticamente solo al monstruo de la mafia, la figura ha ganado importancia especialmente con el testimonio

oral y escrito de su labor. Incluso lo dicen sus enemigos, como lo haría el difundo Popeye, quien narra que fue un duro enemigo de vencer.

CAPÍTULO 13: EL EX MINISTRO ENRIQUE PAREJO, SOBREVIVIENTE A LOS ATAQUES DEL CARTEL

E N SU OLA DE muerte del cartel de Medellín, había un hombre que estaba dando mucho motivo para que atentaran contra él, este es el ex ministro Enrique Parejo, que estuvo durante el gobierno de Belisario Betancur. Re- cibe 5 impactos de bala en distintas partes del cuerpo, la mañana del 13 de enero de 1987. Fue frente a su casa en Budapest, capital de Hungría.

Este hombre sobrevivió a enfrentar a una de las peores amenazas que ha tenido la institucionalidad colombiana, desde que el país le declaró la guerra a Pablo Escobar.

Dice el ex ministro:

"Yo acepté el cargo de ministro de Justicia a sabiendas de que correría peligro mi vida y la de mis familiares también, pero yo nunca flaquee, nunca me vieron a mi arrodillándome a nadie".

Este hombre cree haber sido el que firmó la orden de extradición de Escobar a los Estados Unidos. Para entonces la mano negra del narco- tráfico había ya cobrado la vida de Lara Bonilla, el antecesor de él en el Ministerio de Justicia, y la vida de otros de la rama judicial y del director de El Espectador Guillermo Cano.

Parejo sabía que su cabeza tenía precio, él recuerda cómo Escobar de- jaba claro que iría por él:

"Pablo Escobar había dicho: 'A ese HP del ministro de Justicia le quiero contar, a usted que lo vamos a matar; a donde quiera que vaya le mandamos a un sicario para que lo mate'", es por esa razón que Parejo abandona el país, muchas amenazas en su contra, se va a Hungría, pero allá le alcanza el crimen. En este país tenía misión diplomática de Colombia.

Pero hasta su casa llega el hombre, protegido con un gabán grueso

y con un pasamontañas, cuando comprobó la identidad del exministro descargó el proveedor de su arma calibre 7,65 en el cuerpo de Parejo, que según relató él mismo, lo tenía a 30 centímetros de distancia.

Fueron cinco tiros, peor que con suerte no afectaron sus órganos vi- tales y eso lo tiene aún hoy, vivo, con 90 años pasados, y que aún tiene en un baúl la camisa manchada, como recuerdo de ese terrible día, la camisa muestra los orificios de las balas que venían desde Medellín a matarlo, pero no lo lograron.

Capítulo 14: La caída del miembro del cartel de Medellín Carlos Lehder

E N LOS DÍAS EN el que arrestan a Carlos Lehder la gente decía ahora solo falta que le ganemos a Argentina.

Las cosas terminaron bien, pues Colombia le ganó dos a cero a Argentina, la misma noche que Lehder llega a Estados Unidos.

Todo comenzó cuando en los alrededores de la finca Berracal, en la vereda Los Toldos, un hombre robusto con 17 muchachos jovencitos, se instalaron en una hacienda y desde entonces se dedicaron a comer, jugar y disfrutar, fumaban marihuana y tenían conductas homosexuales.

Muchas veces amanecieron cantando y enfiestados. Pero solo eran tomados como vecinos molestos y drogadictos, en calidad de tales fueron denunciados a la policía local, la cual acudió y se llevó tamaña sorpresa.

Dicen las versiones que atraparon a Lehder porque Luz Dary Valencia dio información, esta era una amante de Lehder. Pero los hechos parecen contradecirlo.

Pues según expertos, de saber que Lehder estaba en este lugar la toma habría sido distinta, con muchos más hombres que los 35 que fueron y con abordaje por tierra y aire. Los que fueron apenas constituían un número normal de operativo regular.

Otras versiones dicen que Lehder había asesinado al guardaespaldas favorito de Escobar, hecho que sucedió en efecto en Nápoles, y se llegó a pensar que ante la ofensiva sin precedentes de las autoridades norteamericanas, y los cambios de mando que se daban en la policía antioqueña, el cartel de Medellín sacrificó a Lehder, que además de ser un dolor de cabeza, por ser tan osado, en los últimos tiempos andaba en decadencia y más errático, lo que le dejó el mote de El Loco.

También se dice que hubo un delator en esta hacienda Berracal, ocho días antes de la captura de Lehder, se presentó a las oficinas un alto oficial de la policía antioqueña que aseguraba tener una valiosa información.

¿Cuánto me dan si les digo dónde está uno de los grandes 'capos' que ustedes buscan?

Diría entonces este. Al parecer, esto llevó a que se diera con el paradero

del hombre.

El día del incidente, como sucedía casi todos los días, Lehder y sus muchachos estaban amanecidos y con resaca, pero eso el factor sorpresa fue definitivo. Olmedis Giraldo fue el primero que notó la presencia de la policía. Era el que hacía las veces de guardia de turno, peor también dormía la borrachera.

Al despertar comienza a disparar a ciegas, la policía le dispara en una nalga a la vez que los demás muchachos comenzaban una carrera en paños menores.

Lemus, el oficial al mando dejó que el grueso de sus hombres persiguiera a los demás y comenzó a disparar a la casa, por si acaso. Entonces allí se aparece la virgen para el hombre, pues se topa con Carlos Lehder, con cara de recién levantado, este se asoma y grita que no disparen, que es Carlos Lehder. Entonces se detiene el fuego, la policía lo captura, junto a catorce acompañantes. Según informes había tres más pero compraban desayuno y por eso se salvaron.

William Jaramillo, alcalde de Medellín de entonces recibe la llamada y le informan de la captura, pide que antes de informar a la opinión pública del hecho le hagan prueba dactiloscópicas para confirmar que sea Carlos Lehder.

Durante ese día este alcalde recibe llamadas, el hecho era un secreto a voces, pero no querían festejar hasta no comprobar que era Carlos Lehder. A las diez de la mañana confirman que sí, que en efecto es Carlos Lehder.

Las acciones de la justicia colombianas fueron rápidas, como nunca. Antes del mediodía ya el narcotraficante había sido trasladado a las instalaciones del departamento de policía de Antioquia, en un furgón donde iban el conductor, Lehder y el mayor Lemus. Y atrás un puñado de policías.

El presidente Virgilio Barco, se entera de la captura de Lehder, a esa hora le llama el Ministro de Defensa quien le dice que atraparon a un pez gordo del cartel de Medellín.

Quedó en saber que la información era cierta y pasada las diez, mientras estaba en reunión, una secretaria le da un papelito donde dice que sí, que es. De inmediato el presidente se levanta se pone en contacto con los

Ministro de Defensa y Justicia y confirma la captura de Lehder, y evalúa la posibilidad de extraditarlo rápidamente. Antes de mediodía se confirma que todo está en regla y que un avión de la DEA viene en camino.

El proceso de extradición era relativamente sencillo. Se había ensayado ya. Pasada la una de la tarde un helicóptero artillado llevó a Lehder de Medellín al aeropuerto de Rionegro, a las dos y veinte de la tarde el Hércules 1004 de la FAC despegó de Rionegro, y aterriza en Bogotá a las 3 y 30 de la tarde. A las 5 y 7 de la tarde un Turbo comander de la DEA de colores amarillo y blanco, con número de matrícula N97315, despega de la pista Catam, rumbo a una base aérea en Florida, con una escala en Guantánamo, Cuba.

La opinión pública que apenas celebraba el arresto de Lehder, se sor- prendió aún más cuando se entera que este ya estaba vía a Estados Unidos. Todo fue muy bien hecho, porque se echó a correr la historia de que Lehder sería llevado a Cantón Norte, pero otros decían que al DAS y otros que a la cárcel Modelo.

Engañaron a todos, para que no hubiera incidentes y lograran este trofeo que aún está vivo en una cárcel de Estados Unidos, pagando su pena.

El caso de Lehder tenía varias condiciones en Estados Unidos, este país prometía proteger su derecho a la humanidad, y también se le prohibía la pena de muerte y se enumeraban doce cargos para ser juzgados en Estados Unidos. Para curarse en salud el ministro de Justicia, Eduardo Suescún Monroy, entregó a los medios de comunicación a las 4 y 35 de la tarde un dossier verde con la extradición de Lehder y la resolución de mayo de 1984 firmada por el presidente Betancur y Nazly Lozano, como ministra de justicia encargada, aprobando la extradición y ordenando la captura. Todo quedaba consumado y bien hecho.

Para Estados unidos, la captura de Carlos Lehder fue una sorpresa, ellos tenían una visión mítica del narco dado que en su juventud vivió en Estados Unidos y pagó una condena allá por algunos delitos.

También le sorprendía que las autoridades colombianas lo hubieran apresado, ya que el gobierno de Estados Unidos tenía un concepto despectivo para con las autoridades colombianas.

Por supuesto el cartel de Medellín mostraba indignación por este su- ceso, sobre todo porque había sido extraditado, esa jugada no la vieron venir, esperaban que como era común, fuera encerrado en una cárcel colombiana y liberado poco después, pagando alguna fianza y mojando unos

cuantos bolsillos. Pero ya ven que no pasó así.

CAPÍTULO 15: LA GUERRA CON EL CARTEL DE CALI

D ESDE EL AÑO 1987 Colombia vivió una de las épocas cargadas de más violencia en su historia, si bien ya venía con el tema de la guerra del cartel de Medellín contra el Estado, a esto se suma que se armó una guerra con el cartel de Cali. Esta guerra tenía cientos de asesinatos, decenas de masacres y más de un centenar de atentados con explosivos.

La guerra entre los carteles de Medellín y Cali, las organizaciones que controlaban la producción y el tráfico de drogas en Colombia, y en el exterior, se produjo por la división de los mercados internacionales y por el inicio de la guerra.

Los miembros de estos carteles que por mucho tiempo trabajaron juntos para lograr que el negocio del tráfico de cocaína alcanzara dimensiones como las que alcanzaron, se habían dividido el mercado de Miami, Nueva York, Chicago y Los Ángeles. También se unieron para enfrentar a la guerrilla y al crimen organizado luego del intento de secuestro de Carlos Lehder años atrás y del rapto de Martha Nieves Ochoa, hermana de los Ochoa, quienes eran miembros del cartel de Medellín, cuando crearon el MAS.

Ya las cosas entre el cartel de Cali y el de Medellín venían difícil, especialmente por la personalidad de Escobar que en muchas ocasiones era intransigente. Pero también por el control del mercado en Nueva York y por la negativa del cartel de Cali de financiar la guerra contra el Estado para eliminar el tratado de extradición.

Cuando el cartel de Medellín planea el asesinato del Lara Bonilla, los narcotraficantes de Cali se mostraron en desacuerdo porque consideraban este acto como un desafío de frente contra el Estado y sería el inicio de una guerra que traería mayores problemas.

Ambas organizaciones se fueron distanciando poco a poco, y se agudizaba a medida que Escobar ponía más violencia en sus acciones.

Cuando atrapan a Jorge Luis Ochoa que iba supuestamente a pagarle una promesa a su santo, el cartel de Medellín sospechó que el cartel de Cali había sido soplón y por eso lo atraparon. Mientras la guerra se daba con fuerza, con ataques en Cali a distintos negocios como hacer volar una de las Droguerías la Rebaja, también una bomba viene y detona sin piedad en el edificio Mónaco, propiedad de Escobar.

La idea era asesinar a Escobar, un helicóptero se encamina a la hacienda Nápoles, pero el operativo no tiene suerte porque el helicóptero se estrella contra una montaña.

El doce de mayo de 1990, un coche bomba que iba a detonar en el estadio Pascual Guerrero, donde jugaba el América, estalla en la calle de los grilles de Cali, mueren nueve personas y 45 resultan heridas. Los daños materiales se estimaron en dos mil millones de pesos.

Poco después un grupo de sicarios enviados por Escobar, llegan a la Hacienda Los Cocos a las afueras de Cali para asesinas a Hélmer Herrera, quien sale ileso. Mueren 19 personas ese día.

La guerra del cartel de Cali con el de Medellín, cuando ellos logran el cometido, porque se une junto con Los Pepes y con las autoridades para cazar a Escobar, pero a pesar de que se salen con la suya, quieren más, porque dicen que han gastado mucho dinero en la cacería, es ahí que la viuda de Escobar se reúne con ellos, negocia y salva la vida suya y de sus hijos.

Pero antes, durante el desarrollo de la guerra. La lucha fratricida es imparable. El cartel de Cali había logrado abrir el mercado italiano para mover la droga en España, Portugal, Países Bajos, Checoslovaquia y Polonia. Se calcula que en 1990 entraron 180 toneladas de cocaína a Europa. El cartel de Cali se fue disolviendo también con los años. Dando paso a otros, tal como se reseñó en el capítulo respectivo.

Capítulo 16: Los Pepes

E L CUATRO DE JULIO de 1992 es el día en el que Escobar le pone el punto final a la sentencia de muerte que venía escribiendo desde hacía años atrás. Ese día estaba en la cárcel La Catedral y allí asesinó a dos de sus socios, Gerardo Kiko Moncada y Fernando Negro Galeano. Esto desató la furia de algunos y fue excusa para que se unieran por una causa, acabar con el líder del cartel de Medellín. Nacen Los Pepes, que, a punta de actos terroristas, desatan una guerra sin precedentes en Colombia.

Moncada y Galeano habían escondido 6261 dólares de entonces para evitar el pago obligatorio que Escobar exigía para todo narcotraficante de Medellín. Esto fue tomado como traición según Escobar, y ordenó que le mataran. Le siguió el saqueo de sus propiedades y la eliminación de sus trabajadores. Ese día los hermanos Fidel y Carlos Castaño, convocados a esta reunión, no llegaron porque sucedió un derrumbe en el camino.

Con los Castaño había distintas ideologías. En un tiempo hasta tuvieron ideas izquierdistas. Pero a Pablo le primó más la ambición del dinero y a Fidel y a Carlos el secuestro y posterior asesinato de su padre a manos de un grupo guerrillero, pero este último incidente les dio paso a que sería después las Autodefensas Unidas de Colombia. Grupo paramilitar ilegal para exterminar a las FARC, el ELN y el EPL.

Ellos no fueron siempre así, a fines de los setenta, Carlos Castaño era un comisionista en venta y compra de coches, así conoce a Pablo, quien le había pedido camiones para mandar la droga. Siguieron con la amistad y Fidel Castaño se hace socio. Hasta que un día la codicia le gana al vínculo político, Escobar le da un armamento grande al ELN, con quienes ya habían peleas en la selva y esto causó que nunca más se hablaran, pero tampoco entraron en guerra.

"Resulta para mí incomprensible que mis eternamente enemigos hayan gozado de mis simpatías en otros tiempos. Hay momentos en que pienso en que, si no hubiera tenido razones para ser contrainsurgente, habría sido guerrillero (...) Debo reconocer que estimé a Pablo en aquella época, pero no tanto como llegué a despreciarlo", Dijo Carlos Castaño en una entre- vista que dio a la revista Semana tiempo antes de su muerte.

La muerte de Moncada y de Galeano fue el detonante, buscaron apoyo del Cartel de Cali para acabar con todo. También para aliarse con el Cartel del Norte del Valle y de los ex socios de los asesinados, buscados por el cartel de Medellín. Todos para unirse y capturar a Escobar. Se llamaron Los Pepes porque eran los Perseguidos por Pablo Escobar.

Las primeras reuniones de Los Pepes se dan tiempo después de que Escobar escapa de La Catedral, para entonces se les había unido Diego Murillo alias Don Berna, quien era ex guardaespaldas de Galeano y que termino siendo líder de La Oficina, la banda que creó Escobar con su red de sicario y que aún tiene el dominio del narcotráfico en Medellín. También se unieron con comerciantes, ganaderos, industriales y figuras que fueron víctimas de extorsión y secuestro desde la cárcel.

Carlos Castaño dice que varias personas le dijeron que liderara un grupo contra Pablo Escobar, esto para evitar el atentado contra el pueblo colombiano y contra ellos mismos, a quienes persiguió sin piedad. La meta era acabar con él y con todo nexo con el cartel de Medellín.

Por entonces se crea el llamado Bloque de Búsqueda de la policía con apoyo del gobierno de Estados Unidos para capturar a Escobar. Así que algunos miembros corruptos de la Fuerza Pública e incluso la DEA y la CIA, se unieron en anónimo a Los Pepes y operaron entre 1992 y 1993. Fue una guerra urbana de bombas, secuestro y asesinatos selectivos.

"La ciudad de Medellín se encontraba en manos de un grupo de delincuentes que ya no eran comunes sino dementes, asesinando y secuestrando a gentes inocentes como nunca antes se había visto. Había, pues, que responder enérgicamente y con las mismas armas, o de lo contrario estábamos perdidos", Dijo Castaño por eso buscan apoyo financiero para hacerlo.

Todos los miembros dieron dinero. Hélmer Herrera del Cartel de Cali, dijo que hubiera gastado toda su fortuna por matar a Escobar. Invirtió 30 millones de dólares. Recursos políticos, empresarios, todos. Fue una élite burocrática con el aval del silencio de muchos colombianos y hasta de las autoridades y más en un grupo paramilitar.

Los bombardeos que traía Escobar, también comenzaron a tener respuesta, es por eso que sufre un atentado en el edificio Mónaco que casi

mata a sus hijos, su hija pequeña sufrió graves heridas y la dejaron medio sorda.

Cuando Los Pepes asesinaban a alguien le dejaban un aviso que decía que lo habían matado por servir a Escobar. Incendiaron una finca de Escobar donde tenía obras de Picasso y Dalí, prendieron fuego a una colección de autos antiguos, mataron al menos a quince personas. A mediados de 1993 capturan al constructor Guillermo Londoño White y al día siguiente aparece muerto con el letrero que decía:

"Servil testaferro iniciador de secuestros al servicio de Pablo Escobar. Los Pepes".

Poco después agarran al abogado Raúl Jairo Zapata Vergara, quienes lo atraparon vestían con uniformes del DAS. Guido Parra, otro abogado, también murió en esa ocasión.

"El pueblo quería que destruyéramos a Pablo sin violencia, pero no era posible. Si así se hubieran manejado las cosas, hoy todos nosotros y el mismo gobierno estaríamos nuevamente arrodillados frente a este monstruo", dijo Carlos Castaño.

Dirían en 1997 las autoridades que amparados por un aparato terrorista Los Pepes asesinaron a muchas personas y destruyeron muchas propie- dades, llegando a ser por momento casi más violentos que el propio cartel de Medellín. Asesinaron agentes cercanos al cartel, a sus abogados, obligaron a personas a irse del país.

Pero además de todo esto, había otro frente que operaba más allá de la violencia de estos bandos y era la inteligencia, ellos recogían todo tipo de información de las operaciones y se las hacían llegar al Bloque de Búsqueda de forma anónima, aunque todos sabían que eran Los Pepes.

Óscar Naranjo, ex director de la Policía Nacional y ex vicepresidente de Colombia, admitió que había un canal directo entre la policía y Los Pepes, de ella salían informaciones para las agencias de Estados Unidos.

Peor se sabía que el cartel de Cali, el máximo competidor del cartel de Medellín en el tráfico de cocaína, y quien se quedaría con el mercado, suministraba información a la policía. El punto fue que todo este ataque armado y de inteligencia dejó a Escobar con un solo guardaespaldas y lo llevó a un escondite en un barrio de clase media de Medellín.

Por los asesinatos, los secuestros, las explosiones y los demás crímenes de Los Pepes, nade pagó cárcel, nunca se supo qué autoridades estuvieron detrás y los criminales fueron cayendo presos o por otras razones. La única sentencia fue a Fidel Castaño, de trece años y medio de prisión y 3 mil salarios mínimos vigentes de multas.

En un enfrentamiento con la guerrilla del EPL en la vereda de Tio- docto en San Pedro de Urabá, donde seguía el grupo paramilitar, Fidel es asesinado el 6 de enero de 1994. Su hermano Carlos cae el 16 de abril de 2004, en la misma zona, se dice que, por un lío de faldas, aunque los restos fueron encontrados en 2013, por lo que al inicio se tomaba por desaparecido.

Capítulo 17: Caída de El Mexicano

Virgilio Barco recibe una llamada donde le dicen que acaban de dar de baja a Rodríguez Gacha, El Mexicano.

Todos los noticieros del mundo abren sus programas con el anuncio de la muerte del capo. Este era un verdadero golpe al narcotráfico y al cartel de Medellín.

Ese miércoles, en una ceremonia de ascensos militares, en la escuela de Cadetes, el general Miguel Maza, director del DAS, y el general Octavio Vargas, comandante de los cuerpos de Élite de la policía, ven interrumpida la conversación que tenían porque llaman desde Medellín, es un informante del DAS que dice que sabe dónde está Rodríguez Gacha. Pedía los 250 millones que ofrecían por dar información de este.

Poco después, los dos generales se van en helicóptero a la dirección de la policía, donde se toma la decisión de enviar un hombre de confianza de Maza a Cartagena a entrevistarse con el informante. La cita de da en el Restaurante Nautilis en Ciudad Heroica.

Dice el informante que Gacha, su hijo Freddy Gonzalo y algunos guardaespaldas estaban en Cartagena, al saberlo mandan a 30 hombres del cuerpo de élite al comando aéreo de Barranquilla y los acuartelan. Se da la orden de dos helicópteros de la policía para que se mantengan listos para salir del aeropuerto de Santa Marta.

Se monta le operativo rápidamente y se van, pero esto no es del todo discreto. Rodríguez Gacha se da cuenta y en la noche del jueves aborda una lancha rápida con su hijo y 5 guardaespaldas, van a la finca El Tesoro, ubicada entre Coveñas y Tolú, en ese momento las autoridades le pierden la pista.

Pero gracias a un informante, comienza a hacerse un rastreo aéreo de la zona para conseguir la lancha, se detecta en la madrugada, pero solo va un conductor. El helicóptero se acerca, la lancha se detiene, el piloto confiesa que había dejado al narcotraficante en la finca, y se iba a una finca cercana a recoger a unos paramilitares que iban a proteger a El Mexicano.

De esta forma se procede al diseño de un operativo en la finca llegan con aire en helicópteros artillados mientras que la marina cubría algún escape por agua.

A media mañana del viernes, los dos helicópteros están en El Tesoro. Con altavoces piden a Rodríguez Gacha que se entregue, pero no hay res- puesta. No se ve movimiento en la casa, solo un camión Chevrolet carpado de color rojo. Se pensó que la información que tenían era falsa, un helicóptero va camino a Tolú y otro a Coveñas, sin embargo, el que iba a Tolú, vuelve a pasar por encima de la finca y los ocupantes se dan cuenta que el camión rojo ya no está, entonces le dicen al segundo helicóptero y se inicia la búsqueda del coche. A menos de dos kilómetros este es interceptado y se desvía de la ruta que lleva a Sincelejo.

Un poco más adelante el vehículo se detiene y de allí se baja Freddy Gonzalo y cuatro guardaespaldas, quienes abren fuego contra la aeronave, esta responde con sus ametralladoras, dando de baja a uno de ellos. Un helicóptero desciende y deja en tierra a varios élites que se enfrentan con dos guardaespaldas y el hijo de El Mexicano, el cual les dan de baja.

En el intermedio el camión sigue la huida seguido de otro helicóptero, para más inri en esta carretera estaba una patrulla de infantes de la marina que custodiaba una de las fincas del extraditado Eduardo Martínez Romero, cuando ven el camión se detiene, se baja Rodríguez Gacha y un guardaespaldas, se internan en un platanal, luego el helicóptero comienza a disparar, tratando de detectar a los fugitivos, al cabo de un tiempo, Rodriguez Gacha que tenía un fusil R5, y cinco granadas contesta al fuego, así se ubica fácil, el artillero del helicóptero comienza a disparar a la mata de plátano y le da en un pie a El Mexicano, cae, y una bala calibre 7.62 le alcanza en la cabeza. Fue tal el impacto que quedó desfigurado. Tocó hacerle pruebas dactiloscópicas para confirmar que era él.

Poco después muere otro de los hombres de él y así, se terminó con uno de los traficantes más buscados de la historia.

Luego de la muerte de Gacha, venía como objetivo Escobar, la verdad es que tanto Rodríguez Gacha como Pablo Escobar eran los que realmente habían abierto una guerra contra el Estado, a pesar de que todo esto traía la etiqueta del cartel de Medellín.

Pero si vemos la historia, las autoridades se centraban de lleno en atraparlos a ellos. Solo a ellos dos. El combate no era propiamente contra el

narcotráfico, era contra el narcoterrorismo, para las autoridades eran esos dos. Si vemos, los Ochoa, los Rodríguez Orejuela, y los demás pertenecían a otra liga. Esto explica por qué por ellos no había recompensa, tampoco se les perseguía cómo sí a sus jefes.

Cuando matan a El Mexicano, la mitad de la guerra estaba ganada y las paredes del cartel de Medellín se habían quebrado con una línea ancha y mortal. El Mexicano era el número dos del cartel de Medellín. Según los testimonios era el más violento, pero el cerebro sin duda era Pablo Escobar.

En esa época las autoridades se preguntaban qué pasaría con Escobar, ahora que estaba solo. Pensaban que a lo mejor se rendiría al verse tan acuartelado, se pondría más agresivo, muchas teorías, lo único en lo que acertaron es en afirmar que el brazo armado del cartel de Medellín había quedado acéfalo, pues El Mexicano era el ministro de guerra, el responsable de la acción terrorista y la desaparición de muchos.

A Escobar se le tomaba por un gran estratega, por ser un hombre pragmático, por eso tendría que estar consciente de que la guerra estaba per- dida. Pero no fue así, desde allí, comenzó a irse perdiendo a nivel mental y poco a poco a perder la guerra. Lejos está ese momento cuando estuvo a punto de aprobar un referendo, cuando quería tumbar la extradición, llevar a un dialogo y negociar un indulto. Pero de eso ya pasó mucho.

La muerte de Rodríguez Gacha cambió la percepción de todo. En ese momento Escobar tenía dos opciones, seguir con la guerra y saber que no va a ganar peor igual seguir peleando o bajar la guardia, mantenerse clandestino y esperar a que todo se calme. Cosas que ha logrado otros en la historia.

Son pocos los hombres que en su vida han segado más de mil almas, José Gonzalo Rodríguez Gacha es uno de ellos. Bombas, muertes de todo tipo, tiene su nombre. Magnicidios, asesinato de jueces, esmeralderos, periodistas, masacres. Todo ordenado por él.

La familiaridad que tienen los colombianos que, con él, opaca la dimensión del puesto que tendrá en la historia de la criminalidad. Pensemos en Al Capone, rey de Chicago durante los 13 años de la prohibición. Se le marcan 200 muertos en su nombre y aún después de tantas décadas su nombre está en el colectivo.

El Mexicano nace en Cundinamarca, Pacho, el 18 de mayo de 1947,

hijo de una familia humilde. Al terminar tercero de bachillerato debe abandonar los estudios para ir y ganarse la vida por caminos violentos. En los setenta se hace peón de Gilberto Molina, el hombre fuerte de la zona de esmeraldas de Boyacá. Poco después Rodríguez Gacha se independiza para dedicarse a algo más rentable: el narcotráfico.

Poco a poco forja su fortuna, calculada en su momento en mil millones. No tarda en toparse con Escobar, con los Ochoa y luego con Lehder, nace así el cartel. Respaldado con su fortuna y con la organización paramilitar más grande del país de más de mil hombres armados y entrenados. Todos en su momento preparados para protegerlo a él.

Poco después, todo el ejército acaba sirviendo a una cruzada ideológica anticomunista, dirigida especialmente contra las FARC y los militantes de la UP.

La pelea con las FARC además de las ideologías, se alimenta por epi- sodios donde Rodríguez Gacha, encuentra obstáculos para sus negocios en el Meta y Guaviare. Los guerrilleros a veces cobraban impuestos de las drogas en los laboratorios, en otras destruían y robaban dinero de sus emisarios. Ante el obstáculo para cobrar venganza, los jefes del grupo insurgente enfiló sus baterías contra el partido político UP, en esas cae muerto el candidato presidencial Jaime Pardo Leal.

Se debe reseñar también que el Mexicano, ya se enfrentaba con el cartel de Cali con el que tenía guerra a muerte, con el gobierno y con la DEA, entre los aliados que tenía estaban sus antiguos amigos de las esmeraldas. Las cosas cambiaron cuando ellos con planes estratégicos y ambiciosos, querían apoderarse de la región de esmeraldas de Boyacá, para unir los terrenos en el Magdalena Medio con los que tenía en Pacho. Se abre entonces un nuevo frente de lucha, donde el narcotraficante no solo pega primero sino fuerte y varias veces. Mata a varias figuras poderosas de la mafia.

Mata a la Reina de la Coca, destruye las oficinas de Tecminas en Bogotá, asesina a varias personas relacionadas con esto. Todo el que tuviera relación con las esmeraldas era blando del Mexicano.

Rodríguez Gacha casó muchas peleas y a la hora de su muerte tenía muchos enemigos, el gobierno, el cartel de Cali, las FARC, la UP, la DEA y los esmeralderos. Era mucho para un solo hombre. Si Hitler perdió por pelear en dos frentes, a El Mexicano se le puso color de hormiga con todos estos. El hombre murió en lo suyo, con un arma en mano, enfrentando y haciendo la realidad que siempre dijo junto a los demás del cartel:

"Mejor una tumba en Colombia que una celda en los Estados Unidos".

Capítulo 18: 1989, un año lleno de mucha sangre para Colombia

E ste es el año del horror, muchos hechos delictivos suceden gracias al cartel de Medellín.

El 18 de enero sicarios a las órdenes de El Mexicano ejecutan a 12 funcionarios judiciales en la masacre de la Rochela.

Pocas semanas después, el 22 de febrero es dinamitada la sucursal de Drogas La Rebaja en Pereira y dos días antes hacía sido estallado un coche bomba en la sucursal de Ibagué.

Cuatro días después, entre 15 y 25 hombres uniformados enviados por El Mexicano, asesinan al magnate de esmeraldas Gilberto Molina, junto con 17 personas más. Incluyendo a otro esmeraldero, un coronel de la policía, algunos guardaespaldas, amigos y hasta músicos.

Al día siguiente son dinamitadas 7 sucursales de Drogas La Rebaja en todo el país y ese mismo día en Bogotá es asesinado el secretario general del partido comunista Teófilo Forero, junto con su esposa y dos personas más. Esto por sicarios contratados por Rodríguez Gacha y los hermanos Castaño. Ese mismo día a las diez y media de la mañana estallan dos kilos de explosivos en el Instituto Lingüístico de Verano, en Bogotá.

El 3 de marzo, es asesinado el abogado y político de la UP, José Antequera, en el aeropuerto El Dorado. Aquí resulta herido el precandidato presidencial Ernesto Samper. Sicarios a las órdenes de Rodríguez Gacha.

El 29 de marzo es asesinado el abogado Héctor Giraldo Gálvez, apoderado de la familia Cano en el asesinato de Guillermo cano y también periodista de El Espectador.

Para el 8 de abril, la policía federal mexicana detiene al socio de Escobar y jefe del cartel de Guadalajara Miguel Ángel Feliz Gallardo, se toma este golpe como el primero dado a la conexión internacional del cartel.

El primero de mayo es detenido el hijo de El Mexicano, Freddy Gonzalo, y es dejado en libertad unos días después.

Tres días después es asesinado el ex gobernador de Boyacá Álvaro González Santana, padre de la juez Martha Lucía González Rodríguez, quien se atrevió a llamar a juicio a escobar y a Rodríguez Gacha. El abogado es asesinado en la carrera séptima de Bogotá.

El último día de mayo estalla un coche bomba en una calle de la capital mientras pasaba una caravana del DAS, el atentado era contra Miguel Maza Márquez (General de la república).

Para el 4 de julio, una carga poderosa de dinamita mata a seis personas entre esas el gobernador de Antioquia Antonio Roldán Betancur, esto es por un error, porque la verdad es que el atentado iba contra el coronel de la policía Valdemar Márquez Quintero. Esto sucedió en horas de la mañana en las inmediaciones del estadio Atanasio Girardot.

Una masacre sucede el 5 de julio en los Altos del Portal, en el norte de Bogotá, un grupo de militares al servicio de Rodríguez Gacha, hace un supuesto operativo e interrumpen una reunión de agentes de la DEA, y del F2 con ángel Gaitán Mahecha. Matan a cuatro personas.

Dos días después Tecminas sufre el atentado.

El 15 de Julio sesenta hombres a órdenes de Rodríguez Gacha, fusilan en la quebrada de Itoco, a seis guaqueros, y luego ahogan vivo desde una avioneta a Pedro Julio Yaya, un vigilante de este empresa.

El 26 de julio atacan con un coche bomba las oficinas de Ganadería

Nare de propiedad de Carranza, muere una persona y quedan dos heridas.

Ese mismo día, muere la jueza de Orden Público María Helena Díaz Pérez.

Para el mes de agosto el 15 ya con toque de queda decretado en Medellín, sale ilesa de un atentado Blanca Lilia de Molina, viuda de Gilberto Molina.

El 16 de agosto unos sicarios asesinan al magistrado Carlos Ernesto Valencia, que había sido ratificado llamamiento a juicio contra Escobar por el crimen de Cano.

El 18 de agosto el coronel de la policía Valdemar Franklin Quintero es asesinado en Medellín cuando iba sin protección. Esa muerte estremeció a todos, pero, luego pasó a segundo plano cuando en la noche, asesinan a Luis Carlos Galán antes de empezar un discurso electoral en Soacha.

El 19 de agosto el gobierno de Barco le declara la guerra al cartel, bueno, con más crudeza, y establece la administración por vía administra- tiva, el secuestro de los bienes del narcotráfico y la detención preventiva sin cargos judiciales de sospechosos de narcoterrorismo. 3000 personas son detenidas en una oleada de 207 allanamientos en todo el país.

En paralelo la policía hace 298 operativos más y lleva a la cárcel a diez mil sospechosos. Se crea el llamado Bloque de Búsqueda con la misión de cazar a los principales miembros del cartel.

El 23 de agosto en una carta abierta a la opinión pública y en respuesta a las decisiones del gobierno, los Extraditables asumen el reto de la guerra total contra el Estado. Tienen más de tres mil sicarios, miles de millones de pesos y muchos poderes en las fuerzas armadas, se podrán enfrentar, afirman a los 140 mil militares y 40 mil policías. En los siguientes meses mueren más de dos mil personas y todo a nombre del cartel, sin contar con los 400 policías asesinados, que Escobar pagó. Daba una buena suma de dinero por cada policía asesinado.

El 30 de agosto estalla una bomba frente a las bodegas de Pintuco en Medellín.

Durante los meses de septiembre a diciembre, cien bombas de dina- mita estallan en Colombia, la policía lo atribuye al cartel.

El dos de septiembre, el periódico El Espectador sufre otro atentado, con una bomba. No hay muertos, pero las instalaciones sufren graves problemas. El periódico, terco y perseverante publica al día siguiente en primera plana:

¡Seguimos adelante!

El 11 de septiembre unos sicarios le dan muerte al líder liberal, ex al- calde de Medellín y presidente de Holasa, Pablo Peláez Gonzáles, y al con- ductor, esto por la zona de El Poblado.

Diez días después nueve sedes políticas sufren atentados en Bogotá, ese mismo día es capturado el que presuntamente asesinó a Galán y frustran un atentado contra el F2. Se planeaba matar al coronel Óscar Eduardo Peláez Carmona, director de la DIJIN.

El 10 de octubre en dos lugares alternos de Medellín, son asesinados los gerentes administrativo y de circulación del diario El Espectador en la capital de Antioquia, Martha Luz López y Miguel Soler. La orden del cartel era impedir que el periódico se vendiera en sus dominios.

El 11 de octubre es detenido en Bogotá el Mono Abello, número siete del cartel de Medellín. Ese mismo día atrapan a Leónidas Vargas, hombre de confianza de Rodríguez Gacha.

El 16 de octubre el periódico Vanguardia Liberal que hoy se llama Van- guardia, recibe un atentado de coche bomba en sus instalaciones de Bucaramanga. Al día siguiente es asesinado en Medellín el abogado Héctor Jiménez Rodríguez, magistrado de la Sala Penal del Tribunal Supremo de Antioquia y el locutor de radio Diego Vargas.

Dos días después, un hombre, Jaime Molina de 22 años, con una subametralladora, una granada y un radioteléfono intenta ingresar al Congreso pero es devuelto por no tener los papeles necesarios. El explosivo estalla en plena Plaza Bolívar y muere.

El 19 de octubre mueren siete personas en Boyacá por hombres al servicio de Rodríguez Gacha.

Para el 25 de octubre dos policías que custodiaban el consulado ecuatoriano en Medellín son asesinados por sicarios en un coche.

El 26 de octubre sucede un atentado contra un bus de la policía que

iba cerca al club de oficiales de la ciudad, dejando 5 muertos y 16 heridos.

Al día siguiente cuatro sicarios asesinan en su oficina al segundo vicepresidente de la Asamblea de Antioquia y al miembro de la UP Gabriel Jaime Santamaría Montoya.

El 29 de octubre, es acribillado en Bogotá el periodista Jorge Enrique Pulido, director del noticiero Mundo Visión.

El 30 de octubre explotan tres bombas de alto poder en tres lugares de Bogotá. No mueren personas, pero sí se pierde mucho dinero. Sucede en varias instituciones bancarias. Ese día la atención se centraba en la entrada de Colombia al mundial de Italia.

El último día de octubre, en el Meta es asesinado Rabio Roa, dirigente liberal, muere junto a su cuñado.

El primero de noviembre es acribillada Mariela Espinosa Arango, magistrada de la Sala Penal del Tribunal Superior de Medellín, ella había abierto un proceso contra Escobar. Casi a la misma hora, en Bogotá cae muerto Luis Francisco Madero, conservador y representante a la Cámara de Cundinamarca. Este último era enemigo de Rodríguez Gacha.

El dos de noviembre estalla un coche bomba con treinta kilos de dinamita debajo del puente de la calle 13 con avenida 68 de Bogotá. Mueren cuatro vendedores ambulantes.

A mediados de mes Álvaro Ortega, árbitro de fútbol profesional colombiano, es acribillado por sicarios cuando iba por Medellín. Esto sucede a las 10 y 40 de la noche, frente al hotel Nutibara. Recibe seis impactos de bala. Esto se da porque el árbitro anula una chilena que le permitiría al equipo de Escobar el Deportivo Independiente Medellín, haber empatado el encuentro frente al América de Cali a raíz del asesinato de cancela el torneo.

El 23 de noviembre en horas de la mañana, llegan a la Hacienda El Oro, en Cocorna, seis helicópteros artillados que hacían parte de una ope- ración conjunta del DAS, la policía y el ejército que pretendía captura a Pablo Escobar, Jorge Luis Ochoa y a varios lugartenientes. Esto deja como resultado la muerte de dos miembros del cartel, entre ellos el cuñado de Escobar Mario Henao Vallejo y la captura de otras 55 personas. Escobar logra escapar con Ochoa. En represalia Escobar se hace más violento todavía.

Uno de los peores crímenes del cartel sucede el 27 de noviembre de ese año. Sucede el atentado contra el vuelo 203 de Avianca, terroristas hacen estallar el avión en pleno vuelo y mueren 107 personas. El DAS y la policía señalan a Escobar y a Rodríguez Gacha del suceso. El atentado era contra el liberal César Gaviria, quien a última hora no puede volar porque tenía otros compromisos y también por temas de seguridad.

Pocos días después, el seis de diciembre sucede el atentado al edificio del DAS, en el sector Paloquemao, en Bogotá, un bus, cargado con explosivos, explota en el costado oriental del edificio, destruye las instalaciones y muchas cosas alrededor.

El general Maza, contra quien iba dirigido el ataque, sale ileso, pero hay 63 muertos, diez de ellos funcionarios y 500 heridos. Dice el propio Maza que el motor del autobús termina en el último piso, donde estaba él insta- lado en una habitación de alta seguridad.

El quince de diciembre en la operación Apocalipsis, 30 comandos de la policía en dos helicópteros artillados, dan cacería a Rodríguez Gacha y lo asesinan tal como señalamos en el capítulo pasado.

El 28 de diciembre Álvaro Diego Montoya, presidente de la firma Pro- bolsa e hijo de Germán Montoya secretario presidencial de Virgilio Barco, es secuestrado, luego de salir de su oficina.

El 29 de diciembre, es capturado el quinto hombre del fallecido Rodríguez Gacha, José Ocampo, alias El Peluso. Es capturado en su finca Necoclí.

Sin duda, un año oscuro, a pesar de la caída de Rodríguez Gacha.

Capítulo 19: Otros golpes para debilitar al cartel de Medellín

Y A EL EPÍLOGO DEL cartel de Medellín se acerca, cada vez se debilita más y más y el año de 1990 no es bueno para este.

Muerte de Pinina

Eran las diez y siete de la mañana de junio de 1990 cuando los colombianos estaban pegados con un partido de fútbol donde Colombia enfrentaba a Yugoslavia. Todo parecía alegría, pero el mal acechaba. Un coche bomba estalla en El Poblado, dejando a cuatro muertos y 90 heridos con pérdidas de más de mil millones de pesos.

La explosión sucede cuando una unidad de la policía inspeccionaba una camioneta Chevrolet Luv. Dicen que esta bomba fue en respuesta a la muerte de Pinina. Un duro golpe contra los narcoterroristas.

Incluso Maza Márquez dice que la muerte de Pinina es tan grande como si se hubiera capturado a Escobar. Así de importante era para él. El nombre de John Jairo Arias Tascón se vincula con los asesinatos de Lara Bonilla, Roldan Betancur, Franklin Quintero, Carlos Mauro Hoyos, y tantos otros más. Donde no participó fue autor intelectual. De acuerdo con investigaciones del DAS, Pinina tenía una gran amistad con Escobar. A su lado se había hecho un hombre rico por las acciones al frente del grupo de sicarios. Tanto que llegó a ser el quinto en la jerarquía de la organización, según las autoridades, el jefe de escoltas de Escobar.

Como muchos de estos delincuentes, la niñez fue en medio de pobreza y violencia, en los barrios marginales de Medellín. Antes de los quince años ya conocía muchos secretos del oficio, había sido raponero a los doce, pandillero a los 14 y a los 15 hacía sus primeros trabajos como sicario. Era uno de esos adolescentes que iba a las escuelas de sicarios organizadas por el cartel. Era de sangre fría, con instinto para matar, esto lo demostró en los entrenamientos que contrastaban con su figura frágil y la voz chillona, por eso tenía el apodo de Pinina o Andrea. Porque decían que se parecía a Andrea del Boca la niña actriz argentina.

Pronto asciende en jerarquía y llega a ser considerado de los hombres más cercanos de Escobar. Una de las cosas que más le ayudó fue el conocimiento que tenía de las gentes de la comuna. Era un tigre para reclutar personas para ser sicarios. Por eso, el primer magnicidio del cartel, el de Lara Bonilla se le encomendó a él. Fue quien contrató y pagó a Byron de Jesús, Iván Darío Guisao y los demás para cometer este asesinato.

La gran prueba como hombre de confianza es cuando en 1988 fue enviado al Valle con la misión de desatar la guerra contra el cartel de Cali. En compañía de otros sicarios recibe la orden de organizar el asesinato de varios en esa ciudad. Pinina compró apartamento y finca en lugares cercanos donde residían y tenían propiedades los jefes del cartel de Cali. La operación fracasa luego de que las autoridades de Medellín tas una serie de allanamientos en la capital de Antioquia, descubren y divulgan los pormenores del plan.

Como el fracaso o fue su culpa, igual sigue gozando del aprecio de los miembros del cartel de Medellín, quienes para protegerlo lo trasladan a Bogotá y desde entonces alterna entre las dos ciudades. Pinina pasa del magnicidio al coche bomba, es quien está al frente y deja 262 civiles muertos, 129 policías, asesinados y miles de damnificados en el país.

El final de este hombre, de los más buscados por las autoridades mili- tares se logra luego de una gran labor de inteligencia que se inició por un mes. El éxito se debió a información entregada por un ciudadano que se comunica varias veces con la comandancia de la policía de Antioquia para dar información sobre el paradero de Pinina. Como recompensa por la información, se le entregarían 100 millones de pesos.

En su momento, el general Gómez Padilla afirmaba que se había eliminado un eslabón importante de Pablo Escobar, a quien le seguirían dando caza, cerrándole espacios. Sabían que se hallaba en Antioquia en los valles de Aburrá y de Rionegro. Solo era cuestión de tiempo para atraparlo.

LA MUERTE DE GUSTAVO GAVIRIA

Otro de los golpes para el cartel de Medellín y para la moral de Escobar es cuando a Gustavo de Jesús Gaviria lo atrapan y matan. Este era el segundo hombre del cartel de Medellín. Muere el sábado 11 de agosto de 1990, presuntamente en enfrentamientos con la policía.

No se conocen muchos detalles de lo que pasó, ya que la información

oficial tiene muchas reservas sobre lo sucedido. Se ha dicho de manera oficial que el primo de Pablo Escobar, jefe del cartel, muere al responder a los policías en el operativo que intentaba cazarlo. La acción armada sucede a las cuatro de la tarde en un barrio residencial de Medellín.

Hasta la casa del narcotraficante llega un destacamento de la policía de élite, entrenada especialmente para esto. El bunker de Gustavo Gaviria tenía cristales blindados, cámaras de televisión, para el estricto control de las personas que se acercaban, además de un grueso muro que rodeaba toda la edificación. Lara poder entrar la policía tuvo que dinamitar la puerta, pero dentro fueron atacados con armas cortas. Una hora después de iniciada la operación, muere Gaviria, uno de los nueve hombres más buscados de Colombia.

Esto para Pablo Escobar fue un golpe al ánimo terrible. El cartel de Medellín perdía otra de las fichas importantes, prácticamente ya quedaba solo Escobar y sicarios.

El siguiente año, en 1992, el 7 de agosto, luego de que Escobar ya había pasado por La Catedral y se había escapado. Ahora, el cartel tiene apenas como 500 hombres y se enfrente a la mitad de sus antiguos aliados de la mafia de Antioquia que ahora está asociada con los carteles de Cali, del Norte del Valle. Además, Los Castaño también se vuelven sus enemigos.

A finales de diciembre de ese mismo año, las unidades de rastreo dan de baja a treinta sicarios, capturan a unos 200 hombres y asesinan a en- laces de la cúpula del cartel como Johny Rivera Acosta y Brances Muñoz Mosquera.

El siguiente año, en 1993, para el primer trimestre, al cartel le quedaban apenas como 13 hombres de los 500 que le quedaban hacía poco en 1992. Desde que se fugó de la cárcel La Catedral, se han dado de baja a 100 sica- rios y 8 poderosos jefes terroristas: Mario Castaño Molina, Hernando Darío Henao, Johny Rivera Acosta, Leonardo Rivera Rincón, Brances Alexander Muñoz, Víctor Giovanni Granada y Juan Carlos Ospina Álvarez.

Otros siete lugartenientes del capo son capturados y 18 más se han rendido incluyendo su hermano Roberto Escobar. Además, se detienen cerca de 1900 sospechosos de pertenecer al cartel de alguna forma.

El último acto terrorista de Escobar sucede el 15 de abril de ese año, cuando una bomba mata a 11 personas y deja heridas a más de 210 en el centro comercial Centro de la 93 en Bogotá.

El 18 de agosto un atentado de una carta bomba, deja medio ciego al hermano de Escobar que se había entregado hacía poco, la recibe en su celda y allí le estalla.

Ya Escobar está dando patadas de ahogado, en un comunicado acusa a Los Pepes y a la policía de perpetrar el atentado contra su madre que sucede días atrás en un edificio, un cohete que le mandan y no estalla. En el comunicado también responsabiliza al Bloque de búsqueda de encubrir a los agentes policiales que participaron en hechos delictivos.

El seis de octubre, con menos hombres aún, es abatido por la policía Alfonso León Puerta Muñoz, alias El Angelito, Escobar está prácticamente solo.

Seis días después, en una nueva operación, Escobar está a punto de ser alcanzado. Pero los sistemas de radiometría fallan por 800 metros y Escobar escapa.

Finalmente, el 2 de diciembre, cuando Escobar tenía apenas un hombre consigo, apodado el Limón, alojados en una casa de clase media, con la mente nublada, justo un dia después de su cumpleaños, desesperado, con la barba larga. Mirando por la ventana, errático, llamando a su hijo cada que podía, finalmente es interceptado. Lo atrapan por culpa de él mismo, que llama a su hijo y la llamada es rastreada.

El Bloque de Búsqueda, comandado por Hugo Aguilar, arremete en la casa, el primero en caer es El Limón, Escobar salta al techo, corre, pero es impactado por las balas. Una en la pierna, otra en el hombro y una en la oreja derecha para luego morir, junto a él queda el último hombre que pasó a la historia con él. Álvaro de Jesús Agudelo, El Limón.

El relato que sostienen sobre la muerte de Escobar es variado. Está la oficial que te acabo de narrar. Pero hay otras que van desde la autoría de paramilitares hasta el suicidio. Lo que se sabe con certeza es que muere el dos de diciembre de 1993, con 44 años cumplidos.

Los Pepes dicen que ellos tienen mérito en la muerte, incluso han escrito libros sobre el tema. Lo que sí es su papel importante en él debilitamiento del cartel de Medellín.

Diego Murillo, alias Don Berna, paramilitar y narcotraficante, dice que quien le dio el disparo en la cabeza a Escobar fue su hermano. Esto lo dice en el libro Así matamos al Patrón relata la versión de las últimas horas del capo y asegura que presenció su muerte.

"Sus principales colaboradores habían sido dados de baja, otros estaban en la cárcel. El mensaje que enviamos los integrantes de Los Pepes fue contundente: quien le prestara ayuda al 'Patrón', moriría", narró Don Berna.

La otra versión que se maneja es el suicidio, "Mi padre siempre nos dijo que el teléfono era sinónimo de muerte porque nos podían rastrear fácilmente y el día que murió nos llamó tanto, que me hace pensar que él quería que la Policía llegara y que quería morir en un combate. Es una manera también de suicidarse", indica Marroquín, cuyo nombre original era Juan Pablo Escobar (su hijo).

Una de las frases más conocidas del cartel es "preferimos una tumba en Colombia que una cárcel en Estados Unidos".

Consigna que uso para hacerle frente al Estado en una cruzada sangrienta y que convirtió a Medellín en la capital de los homicidios en los ochenta.

Esa frase dicen que la usó cuando se vio rodeado. Estando en el techo por donde intentaba huir, al verse sin escape se mató. Esta teoría de que Pablo Escobar se suicidó la manejan sus familiares, lo dijo Nicolás Escobar, quien estuvo presente en la exhumación de los restos de su tío, y viendo el cráneo perforado, asegura entonces que se mató para no darle el gusto a nadie.

Con esta muerte, se podía decir que el cartel de Medellín se acababa.

¿SE ACABÓ EL CRIMEN?

Cuando Pablo Escobar murió, paradójicamente unos lo festejaron y otros lo lloraron, recordemos que la historia la cuentan los que ganan. Pero es de admitir que con su muerte, desaparecieron las escenas de personas, carros y edificaciones destrozadas, de familiares llorando de dolor porque alguien murió con un coche bomba, un inocente que pasaba para mala suerte por ahí. La gente de entonces decía:

Yo sé qué salgo de mi casa, pero no sé si regreso.

Era tanto el miedo. Los países temían, pero muchos festejaron que el narcoterrorismo había acabado.

La calma volvió, la gente salía sin miedo a las calles, los amigos y los novios revivieron sus encuentros diurnos y nocturnos. Las discotecas y las tabernas volvieron a ser lugar de encuentro, también volvieron los paseos de familias completas por las calles y los pasajes.

Las calles adyacentes a oficinas públicas, sedes y organismos de seguridad que se mantenían cerradas, ahora abrían de nuevo, los ciudadanos volvieron a trotar por las noches.

Aunque no todo fue un paraíso, a lo mejor la aparición de coches bombas fue un gran alivio para las personas de Colombia, pero muchas cosas quedaron. Al menos eso piensan muchos sociólogos, politólogos, abogados, estudiosos y mucha comunidad pensante. La verdad es que la violencia de Colombia va más allá del cartel de Medellín. Escobar tenía el papel de ser terrorista, una acción amarga por las implicaciones que tiene y que cobró muchas vidas. Él era un criminal sui géneris, era indiscriminado con las víctimas, especialmente los inocentes.

Le encantaba el factor sorpresa, la psicosis social, el desestímulo de sectores económicos, obligaba a la gente a un encierro,

La reducción en las muertes por atentados dinamiteros está bien, con él se fue esa pesadilla que muchos tuvieron por esa mala época del cartel.

Con la desaparición de la organización terrorista, las bandas de sicarios al servicio del cartel se dedicaron a otras cosas, según relevaciones del Das, las bandas de sicarios se redujeron de 300 a 30 en poco tiempo.

Pero vamos, el cartel y Pablo Escobar no eran los únicos agentes de violencia, ni los más grandes, para las autoridades era muy fácil endilgarle todo crimen a Escobar, era una manera sencilla de justificar la violencia, especialmente en Medellín. El narcoterrorismo lo que hizo fue jugar a su favor con la debilidad del Estado, con la pobreza, con la impunidad...

A pesar de la cruda violencia, los analistas consideran que al menos Medellín es la única ciudad del país que reconocía la violencia y la que más trabajó por enfrentarla, por medio de instituciones, organizaciones no gubernamentales y personas particulares.

Escobar y el cartel de Medellín son parte del pasado, al menos en sus acciones. Otros se han montado en el curul del narcotráfico, la droga aún circula por las calles, hay narcos conocidos y otros no tanto. Algunos son de guante blanco y otros invisibles, procurando que no sean parte de la misma historia del cartel de Medellín y procurando mantenerse vigentes, con sus actos criminales y produciendo cocaína en el país para exportarla tal como a diario muchos otros comerciantes, exportan café.

Visítanos en nuestra web
raultacchuella.com y llévate una muestra gratuita del libro más vendido del narcotráfico
en Colombia: El Patrón.

Si te gusto este libro no olvides seguirnos y dejarnos tu reseña en Amazon.

Encuéntralos en tu tienda favorita

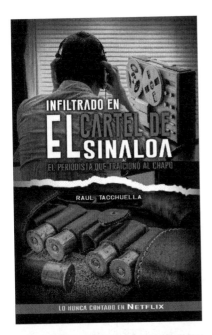

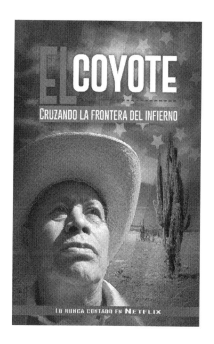

Made in the USA
Middletown, DE
24 September 2023

39234776R00060